1 MONTH OF
FREE
READING

at

www.ForgottenBooks.com

By purchasing this book you are eligible for one month membership to ForgottenBooks.com, giving you unlimited access to our entire collection of over 1,000,000 titles via our web site and mobile apps.

To claim your free month visit:
www.forgottenbooks.com/free991280

ISBN 978-0-364-18601-5
PIBN 10991280

This book is a reproduction of an important historical work. Forgotten Books uses
state-of-the-art technology to digitally reconstruct the work, preserving the original format
whilst repairing imperfections present in the aged copy. In rare cases, an imperfection in
the original, such as a blemish or missing page, may be replicated in our edition. We do,
however, repair the vast majority of imperfections successfully; any imperfections that
remain are intentionally left to preserve the state of such historical works.

Zur Lehre

von der

alternativen Obligation.

Inaugural-Dissertation

zur

Erlangung der Würde eines Doktors der Rechte

vorgelegt der

hohen juristischen Facultät der Universität Bern

von

Emil Huber

aus

Solothurn.

Buchdruckerei Gassmann, Sohn, Solothurn.
1892.

Rec. Aug. 8., 1906.

Inhalt.

Einleitung.

Vorliegende Abhandlung stellt sich zur Aufgabe die Untersuchung einer besonders in neuerer Zeit streitig gewordenen Frage aus dem Gebiete der alternativen Obligation. Es betrifft dieselbe den Fall, wo der Verpflichtete die Wahl hat und nunmehr die Unmöglichkeit, eine der alternativ geschuldeten Leistungen vorzunehmen, ohne sein Verschulden, also casu oder culpa creditoris eingetreten ist. Ueber die rechtliche Stellung des Schuldners haben sich drei Ansichten gebildet:

Nach der ersten ist er nun unbedingt zur Leistung des übrig gebliebenen Gegenstandes verpflichtet, auf den sich die Obligation concentrirt hat. [1]

---

[1] So namentlich Pescatore, »Die sogenannte alternative Obligation.« 1880, dessen Ausführungen in §§ 35 und 36 daselbst die Frage am eingehendsten behandeln, und der auch § 35 Anm. 2—5 die Literatur darüber zusammenstellt. — Vergl. ferner von den Neuern: Ryck. »Lehre von den Schuldverhältnissen« II. § 45. Bernstein, »Zur Lehre vom alternativen Willen« S. 80 Anm. Baron, Pandekten § 208 [25].

Die zweite, gegenwärtig vorherrschende, gewährt ihm, damit er einigermassen für den Verlust des Wahlrechtes entschädigt werde, die Befugniss, sich dadurch zu befreien, dass er den Werth des untergegangenen Objectes leistet. [2]) Es liegt also vor ein Fall der facultas alternativa. Einige Schriftsteller geben ihm diese Befugniss sogar bei culpa auf eigener Seite, unter der Voraussetzung freilich, dass der Werth des untergegangenen Gegenstandes nicht geringer oder nicht viel geringer sei, als der des übrig bleibenden. [3]) Ein einzelner beschränkt sie umgekehrt auf diejenigen Fälle casuellen Unterganges, bei denen die zuletzt genannte Voraussetzung zutreffe. [4])

Die dritte, vermittelnde Ansicht verneint, wie die erste, principiell die Existenz dieser oblatio aestimationis als eines gemein gültigen Satzes, anerkennt dieselbe aber als singuläre Bestimmung des Legatrechtes. [5])

[2]) So z. B. Fuchs im Archiv für civilistische Praxis XXXIV. S. 237 fg. Mommsen, Beiträge zum Obligationenrecht. I. S. 311 fg. Windscheid, Pandekten II. § 255. Anm. 13 und 14. Dernburg, Pandekten, II. § 27 [11].

[3]) So z. B. Zimmern im Archiv für civilistische Praxis. I. S. 313 fg. 316 fg. Vangerow, Pandekten III. § 569 Anm. 2 Brinz, Pandekten, § 243 zu Anm. 18.

[4]) Bekker, Jahrbücher des gemeinen Rechtes V. S. 374. s. unten S. 43.

[5]) So Puchta, Pandekten, § 302. Anm. d.; Vorlesungen, § 302. Eine nähere Begründung hat diese Ansicht nicht gefunden, besonders nicht in Berücksichtigung der gegen sie geltend gemachten l. 95. § 1. D. de solutionibus. 46, 3. Vergl. unten S. 44 fg. — Hofmann, »Ueber das Periculum beim Kauf«, S. 112 fg., verwirft die Abfindungsbefugniss

Die nachfolgende Arbeit, von dieser letztern Ansicht ausgehend, nimmt in ihren Resultaten einen von allen dreien geschiedenen Standpunkt ein.

speciell für den Kauf, spricht sich aber nicht allgemein über die Frage aus; s. unten S. 10. Anm. 2.

Allgemeiner Theil.

Die Frage im Zusammenhang mit der Lehre von der alternativen Obligation betrachtet.

I.

Bevor wir zu einer Prüfung des über unsere Frage vorhandenen Quellenmaterials herangehen, mag es von Vortheil sein, dieselbe zunächst in einem allgemeinern Zusammenhange zu betrachten. Denn handelt es sich hier auch bloss um die Festsetzung desjenigen besondern Rechtssatzes, welcher die Folgen unverschuldeter Unmöglichkeit einer alternativ versprochenen Leistung regelt, so muss derselbe doch mit dem Rechtsinstitute, dessen einzelnes Glied er bildet, in Wechselwirkung stehen, so dass sich vielleicht aus dessen allgemeinem Charakter schon Anhaltspunkte für seine Beurtheilung und wahre Gestaltung gewinnen lassen.

Aus dem Begriffe der alternativen Obligation sind in Anwendung auf unsern Fall folgende Merkmale hervorzuheben:

1. Gegenstand der Obligation ist ein incertum von der Form „dieses oder jenes". Es liegt vor eine Mehrheit unterschiedener Leistungsinhalte, von denen ein jeder zur Tilgung der Schuld fähig ist. Dass ebenso jeder als einzelne in obligatione sei, wird bald nur relativ zugegeben, bald unbeschränkt bejaht. [1]

2. Dem Schuldner steht das Wahlrecht zu: sein Wille entscheidet, welcher dieser Leistungsinhalte zur Erfüllung der Obligation verwendet werden soll. [2]

Hiezu gesellt sich:

3. Der Umstand, dass die eine Leistung casuell unmöglich wird. Der Fall, wo culpa (creditoris oder debitoris) vorliegt, wird im Nachfolgenden jeweilen da berücksichtigt, wo besondere Gründe dazu Veranlassung geben, im allgemeinen aber der wichtigere und für die Beurtheilung der Frage massgebende Thatbestand des zufälligen Unterganges zu Grunde gelegt.

---

[1] Erstere Auffassung bei Windscheid, Pandekten II § 255 Note 5. Der einzelne Gegenstand ist in obligatione, sofern der Schuldner in Bezug auf ihn nicht ungebunden ist, dagegen nicht, sofern nicht gerade er verschuldet ist. Die zweite Auffassung bei Ryck, a. a. O. S. 208 fg. Es bestehen zwei selbständige, in Relation stehende Gliedobligationen. — Brinz, Pandekten § 242 [2-5], steht auf Seite der erstern oder zweiten Auffassung, je nachdem die Wahl dem Schuldner »gelassen« oder »gegeben« wurde.

[2] Gegen die Ueberschätzung des »Wahlrechtes« spricht sich Pescatore, S. 151 fg., 203 aus. Er erblickt hierin einen Hauptgrund, der zur Annahme einer Abfindungsbefugniss führte. Es handle sich um eine blosse »Möglichkeit«, seiner Verpflichtung durch diese wie durch jene Leistung zu genügen (S. 156 [7]).

Bewirkt nun der casus Aufhebung des Wahlrechtes, oder dauert dasselbe fort, aufrecht erhalten durch die Befugniss der Werthleistung des vernichteten Leistungsobjectes? Die Antwort kann nothwendig nur im erstern Sinne ausfallen. Denn der Zufall, der als die alleinige Ursache zur Unmöglichkeit einer Entscheidung führte, hat an Stelle des Schuldners vorweg entschieden, und so sein „Recht", wenn man ihm ein solches zugesteht,[*]) zu einem gegenstandslosen gemacht. Die Folgen trägt nach allgemeinen Grundsätzen der Berechtigte. Spricht man aber von einer blossen „Möglichkeit" der Entscheidung, so ist diese ebenso dahingefallen.[3]) Warum sollte also durch Zulassung der oblatio æstimationis eine Ueberwälzung des Schadens dadurch stattfinden, dass man, an Stelle des untergegangenen Objectes, nachträglich einen andern Leistungsgegenstand, die Werthsumme, als solutionsfähig anerkennt? Dem Wesen des vorliegenden Rechtsverhältnisses und dem ursprünglichen Willen der Contrahenten würde dadurch widersprochen. In der That ist denn auch schon von gegnerischer Seite die Berechtigung der Abfindungsbefugniss „aus innern Gründen" verneint worden. [4]) Erblickt man aber in ihr „nicht eine Consequenz allgemeiner Principien, sondern einen Ausfluss der Billigkeit", [5]) so kann sich leicht die Vermuthung aufdrängen, ob man nicht hiemit das Interesse auf der einen Seite zu

---

[3]) S. Anm. 2.

[4]) So von Mommsen, Beiträge I S. 310; Thibaut (in Brauns Erörterungen S. 110).

[5]) Hofmann, »Ueber das periculum beim Kauf«. S. 112.

sorgfältig beachte, um dasjenige auf der andern um so ungebührlicher zu verletzen. Dieser Punkt bleibt einer spätern Erörterung vorbehalten. [6]

Für den Fall, wo Verschulden seitens des Gläubigers vorliegt, treffen die obigen Ausführungen natürlich nicht gleicher Massen zu. Es liesse sich hier mit mehr Berechtigung fragen, ob eine künstliche Fortdauer des Wahlrechtes, sei es aus innern Gründen, sei es aus Billigkeitsrücksichten, geboten wäre. Da aber gerade hier die Quellen ausdrücklich eine verneinende Antwort ertheilen, so darf auf eine eingehendere Behandlung in diesem Zusammenhange verzichtet werden. [7]

Bei Verschulden des Verpflichteten selbst ist der Standpunkt der Anhänger einer facultas alternativa ein besonders schwieriger, weil nunmehr auch die Aequitas nicht mehr wirksam geltend gemacht werden kann. [8]

---

[6] S. unten III, S. 10 fg.; ferner auf S. 47 fg.

[7] S. unten, S. 58 fg., die Erörterung der l. 55. D. ad legem Aquiliam. D. 9,2., welche diesen Grenzfall behandelt, bei dem die Anhänger und Gegner einer facultas alternativa zuerst sich begegnen müssen.

[8] S. S. 2. Anm. 3. — Rechtfertigungsversuch bei Zimmern, S. 316 fg. — Widerlegung bei Pescatore, S. 217 fg. — Aus der Natur der alternativen Obligation wird die oblatio æstimationis begründet durch Donellus, ad l. 16. D. de verb. oblig. 45,1. und in neuerer Zeit durch Brinz, s. unten II. S. 8.

II.

Eine principielle Ableitung der fraglichen Abfindungsbefugniss aus dem Wesen der alternativen Obligation unter-
nimmt Brinz. [1] Er unterscheidet den Fall, wo dem Schuldner die Wahl „gegeben", von dem hier vorliegenden, wo
sie ihm „gelassen" wurde, und spricht sich dann über diesen letztern, die Consequenz jener Unterscheidung ziehend,
folgendermassen aus:

„So sehr gehört hier und bei jedem incertum, wo
„dem Schuldner die Wahl gelassen ist, nur das Dass dem
„Müssen, das Was aber der Freiheit an, dass jener auch
„noch nach dem Untergange von diesem oder jenem,
„principiell selbst nach dem verschuldeten Untergange,
„noch dieses wie jenes leisten, beziehungsweise praestiren,
„und dass es überhaupt nur mit seinem eigenen Willen
„dazu kommen kann, dass er ein bestimmtes leisten muss,"
und weiter [2]: „die obligatio bleibt incerta zu Gunsten
„des Schuldners; nur zur Strafe, und nur wenn das
„Untergegangene viel geringern Werthes wäre, darf hier
„der Schuldner auf letzteres nicht zurückkommen."

Die Darstellung von Brinz erkennt also die Werthpraestation (denn nur um eine solche, nicht um einen Inter-
esseersatz kann es sich gemäss den Quellen handeln) als
gleichtaugliches Erfüllungsmittel an wie die Sachleistung selbst.
Unter dieser Voraussetzung mag eine derartige Formulirung

---

[1] Pandekten § 242, 2. a.
[2] § 243 [19].

der Alternative theoretisch unanfechtbar sein. Sobald man aber jene Gleichwerthigkeit beider Solutionsarten bestreitet, wozu die unten anzuführenden praktischen Gründe Veranlassung geben, so erhebt sich nothwendig der Einwand, dass die Freiheit, welche aus dem Begriffe eines solchen incertum für den Schuldner erwächst, auf Kosten des versprochenen und erwarteten Müssens, des „Dass" der Leistung zu weit ausgedehnt sei, so weit, dass sich thatsächlich die Pflicht des Schuldners „dieses oder jenes" zu leisten, in eine einfache, das ihm beliebige „dieses" zu leisten, resp. nach seinem Untergange zu præstiren verwandelt hat. Der Debitor schuldet eigentlich „jenes" nur scheinbar, wenn „dieses", das er allein leisten will, unter allen Umständen solutionsfähig bleibt. Man muss ihm desshalb in Bezug auf den Gegenstand, mit dem er nicht zu erfüllen gesonnen ist, völlige Bewegungsfreiheit zugestehen; er dürfte selbständig über ihn schalten, ihn veräussern oder vernichten, ganz oder theilweise. Ein solches Uebermass in der ihm gewährten Freiheit würde aber eine starke Abschwächung der Relation des „Entweder — Oder" bewirken, eine Lockerung des Bandes, welches allein die einzelnen Leistungsobjecte zu einer einheitlichen Verpflichtung zusammenfasst. Es muss sich somit die Frage aufdrängen, ob das Rechtsinstitut in dieser Gestalt seiner Bestimmung gerecht werden könne.

III.

Dies veranlasst zu einer Prüfung unserer Abfindungsbefugniss auf ihre **praktische Brauchbarkeit** für die
Anforderungen des Verkehrs. Gründen die Parteien eine
alternative Verpflichtung, so mag freilich in der Regel ihr
Wille zunächst darauf gerichtet sein, dem Schuldner einen
freiern Spielraum, als bei der auf rem certam gerichteten
Obligirung möglich ist, zu gewähren. Sie verwandeln seine
absolute Gebundenheit in Bezug auf ein Object der Leistung
in eine mehr relative und elective in Bezug auf mehrere.
Nur von diesem Gesichtspunkte aus und auch dann nur als
Billigkeitsregel liesse sich die oblatio æstimationis rechtfertigen, und immer noch könnte die Frage erhoben werden,
ob statt des blossen Werthes nicht gerechter Weise das
ganze Interesse zu leisten wäre. Dem gegenüber stehen
auf der andern Seite die ebenso wohl zu beachtenden Intentionen des Gläubigers, der seinem ökonomischen Zwecke
gemäss in den meisten Fällen auf bestimmt geartete Leistungsobjecte berechtigt sein will und dem es dann zum
Schaden gereichen muss, wenn der Schuldner nun unerwartet
den abstracten Tauschwerth in der Form der Geldleistung
substituiren kann. Besonders bei den eigentlichen „Ver-
kehrsgeschäften", [1] vor allem hier bei Kauf [2] und Miethe
und wo sonst Preis und Waare einander gegenüber stehen,
tritt dies deutlich hervor; ja man darf behaupten, dass die

---

[1] Dernburg, Pandekten I. § 92, 3.
[2] S. oben S. 2 Anm. 5; unten S. 56 unten.

oblatio æstimationis der ökonomischen Natur dieser obliga-
torischen Verhältnisse direkt zuwiderläuft. Heisst es nicht
den offenbaren Willen der Parteien zum Nachtheil des Gläubigers ignoriren, wenn man dem Schuldner erlaubt, statt
der versprochenen Lieferung der Sache, statt der versprochenen Ueberlassung ihres Gebrauches nachzukommen, durch
blosse Compensation mit der Gegenforderung zu erfüllen?
Läge nach casuellem Untergange eines Objectes für denselben nicht thatsächlich die Möglichkeit vor, nach Willkür
vom Vertrage zurückzutreten, ein arbitrium an venditum,
an locatum haberet? [3]) Die Treue und Sicherheit des Verkehrs würde dadurch schwer geschädigt, die bona-fides-Natur
dieser Geschäfte in Frage gestellt. Der Wille der Parteien
kann offenbar nur in seltenen Ausnahmefällen dahin gehen,
dem Schuldner die Wahl so unbedingt offen zu lassen, dass
die Pflicht zur Leistung überhaupt darunter leidet. In der
Regel wird man ihn dahin auslegen müssen, dass seine Gegenleistung eben so vollständig und gesichert sein solle, wie
bei Obligirung einer res certa, und häufig kann man im
Gegentheil die Absicht nicht verkennen, diesen gewöhnlichen
Grad der Sicherheit gerade dadurch zu steigern, dass man
zwei Objecte in obligationem aufnimmt, von denen nur eines
zur Solution gelangen soll. Der Gläubiger will hier unter
allen Umständen eine der ihm gleichwerthigen aber dringend
erwünschten Leistungen empfangen, ein an sich nahe liegen-
der Zweck, für den das Rechtsinstitut bei oblatio æstima-

---

[3]) L. 34. § 6. D. de contr. empt. 18, 1. unten S. 54 fg.

tionis zu einem unbrauchbaren und trügerischen Mittel würde. [4])

.Dass die hier gegen die facultas alternativa angeführten Gründe da nicht mehr zutreffen, wo der Erwerb des Gläubigers ex causa lucrativa geschieht, soll unten 'ausgeführt werden. [5])

IV.

Zum Schlusse dieser allgemeinen Ausführungen sind noch zwei Quellenentscheidungen zu bemerken, denen zwar ein Thatbestand zu Grunde liegt, welcher von dem uns hier

[4]) Hierin erblickt Bernstein, a. a. O. S. 8—10, 100, geradezu die praktische Bedeutung der alternativen Obligation: sie hat einen »Versicherungscharakter« wegen der »gegenseitigen Ersetzbarkeit« der Objecte. Die von ihm berührte »Verschiebung des periculum«, für welche er die vielen auf »Stichum aut decem« gehenden Beispiele citirt, tritt speziell beim Kaufe scharf hervor und wird auch in der l. 34. § 6. cit. als solche erwähnt. — Umgekehrt findet Ryck, S. 204 fg., den praktischen Nutzen der Alternative allein in der »Möglichkeit der Auswahl«, welche der Partei gestatte, ihr nicht voraussehbares, durch künftige Umstände bestimmtes Interesse sich von Anfang an zu wahren. — Für den gewöhnlichen Fall, wo der Schuldner die Wahl hat und seiner Verpflichtung eine Gegenleistung gegenübersteht, wird das Rechtsinstitut wohl beiden Anforderungen gleichmässig genügen müssen; dies geschieht aber nur dadurch, dass man die Ersetzbarkeit der Objecte bestimmt anerkennend die oblatio æstimationis ausschliesst, d. h. den gewollten Inhalt der Verpflichtung: »Von Zweien Eins!« (Ryck, S. 239, § 45) trotz casus ungemindert lässt.

[5]) S. unten S. 47.

interessirenden wesentlich verschieden ist, die dagegen sichere Analogieschlüsse auf unsern Fall gestatten:

L. 128. D. de verb. obl. 45, 1. „— qui Stichum „aut Pamphilum stipulatur, si in unum constiterit obligatio, „quia alter stipulatoris erat, etiamsi desierit ejus esse, „non recte solvitur, quia utraque res ad obligationem „ponitur, non ad solutionem.“

L. 72. § 4. D. de solutionibus. 46, 3: „Stichum „aut Pamphilum stipulatus sum, cum esset meus Pam-„philus: nec si meus esse desierit, liberabitur promissor „Pamphilum dando: neutrum enim videtur in Pamphilo „homine constitisse nec obligatio nec solutio.“

Es liegt bei Eingehung des Vertrages juristische Un-möglichkeit der Leistung in Bezug auf eines der nach der Absicht der Parteien alternativ zu schuldenden Objecte vor. In Folge dessen kommt eine ˙einfache Obligation auf das andere zu Stande, während jenes erstere völlig unberück-sichtigt bleibt, selbst wenn die Möglichkeit seiner Leistung sich nachträglich einstellen sollte. Denn in die Obligation ist dasselbe nicht aufgenommen trotz dem Willen der Par-teien („— utraque res ad obligationem ponitur —“), und unzulässig wäre, es gegen diesen Willen als blosses Solu-tionsobjekt tauglich zu erklären („— constitisse ... nec solutio.“).

Jene principielle Ansicht, wonach es nur mit dem Willen des Schuldners „dazu kommen kann, dass er ein be-stimmtes leisten muss“, [1]) befindet sich zu den vorliegenden

---

[1]) S. oben S. 8 fg.

Entscheidungen[2]) in einem auffallenden Missverhältniss. Denn diese enthalten den umgekehrten Satz, dass an den Willen, sich alternativ zu verpflichten, das römische Recht die Folge knüpfen kann, auf eine bestimmte Leistung schlechthin verpflichtet zu sein. Von jenem Standpunkte aus müsste die Entscheidung nothwendig dahin gehen, entweder dem Schuldner die facultas alternativa zur Leistung des nicht in obligatione befindlichen Objectes zu eröffnen, oder aber das Rechtsgeschäft als nichtig zu erklären wegen Unmöglichkeit der stricte auf ein incertum gerichteten Verpflichtung. Sonst läge ohne Grund eine verschiedene Behandlung der beiden in Rücksicht auf unsere Frage durchaus ähnlichen Fälle vor.

Die Anhänger der Abfindungsbefugniss aus Billigkeitsrücksichten werden vielleicht geltend machen, dass hier eine solche nicht statthaft sei, weil eben eine alternative Obligation überhaupt nie existirte. Darauf ist zu entgegnen, dass trotzdem und ebenso gut als in unserm Falle der beim Vertragschlusse herrschende Wille nach ihrer Anschauung Berücksichtigung verdienen sollte, umsomehr, als es sich hier nicht einmal um Werthpraestation, sondern um wirkliche und von den Parteien beabsichtigte Realleistung handeln würde. Und dennoch haben die römischen Juristen diese nicht unbegründete Anforderung der Aequitas unerfüllt gelassen.

Zur Unterstützung mag endlich angeführt werden die von Gajus herrührende l. 15. D. de duobus reis. 45, 2:

---

[2]) Brinz berücksichtigt sie als singuläre Bestimmungen a. a. O. § 242 [6].

„— (Julianus) ait, et si Titius et Sejus decem aut
„Stichum qui Titii sit, stipulati fuerint, non videri
„eos duos reos stipulandi, cum Titio decem tantum, Sejo
„Stichus aut decem debeantur: quæ sententia eo pertinet,
„ut, quamvis vel huic vel illi decem solverit vel Sejo
„Stichum, nihilo minus obligatus manet. sed dicendum
„est, ut si decem alteri solverit, ab altero liberetur.“

Beabsichtigt ist die Begründung einer aktiven Correal-
obligation, alternativ gerichtet auf zwei Gegenstände. Da
der eine im Eigenthum eines Gläubigers steht, kommen zwei
selbständige Obligationen zu Stande, die eine bestimmten,
die andere alternativen Inhaltes. Nach der Ansicht Julians
sind dieselben völlig unabhängig von einander wegen dieser
ihrer Verschiedenheit. Nach der gesetzlich gebilligten Meinung des Gajus besteht ein Zusammenhang: durch Leistung
der den beiden Gläubigern obligirten Sache werden beide
Obligationen getilgt. Eine Abfindungsbefugniss wird von
Julian nicht erwähnt; mit den Worten des Gajus ist sie
unverträglich: er hätte sonst nothwendig entscheiden müssen:
„si decem vel Stichum alteri solverit“. [3]

---

[3] So Pescatore, S. 14 in Anm. 8.

···•✕•···

Besonderer Theil.

Prüfung des Quellenmaterials.

I. Im Allgemeinen.

Die Vertheidiger der fraglichen Abfindungsbefugniss berufen sich speziell auf l. 95. § 1. D. de solutionibus. 46, 3 und l. 47. § 3. D. de leg. I.

Die Gegner derselben auf l. 32. pr. D. de cond. indeb. 12, 6, l. 34. § 6. D. de contr. empt. 18, 1, l. 2. § 3. D. de eo quod cert. loc. 13, 4., und besonders auf l. 55. D. ad leg. Aquil. 9, 2.

All diese Stellen sind später eingehender zu betrachten. Hier handelt es sich zunächst um Berücksichtigung der übrigen unsern Fall betreffenden.

Die Gegner machen bei diesen auf den Umstand aufmerksam, dass sie, ohne die so nahe liegende Erwähnung einer facultas alternativa, allgemein den unbeschränkten Satz aufstellen: nach eingetretener Unmöglichkeit einer Leistung tritt Verpflichtung zur andern ein. In gerechtfertig-

ter Weise scheinen uns folgende Entscheidungen hiebei angeführt zu werden:

l. 9. § 2. D. de fundo dotali 23, 5: „Quod si
„Stichum aut fundum debuit maritus et quod debet, doti
„ei promissum sit, Sticho mortuo fundum in dotem esse."

l. 16. pr. D. de verb. oblig. 45, 1: „— Si Sti-
„chum aut Pamphilum mihi debeas et alter ex eis meus
„factus sit ex aliqua causa, reliquus debetur mihi a te."
— Ein Fall zwar nicht physischer, sondern juristischer
Unmöglichkeit der Leistung. Zu vergleichen auch l. 82.
§ 6. D. de leg. I.

l. 32. pr. D. de cond. in deb. 12, 6: Diese Stelle
wird unten ausführlich besprochen. [1])

Nicht beweisend ist dagegen:

l. 33. § 1. D. de solutionibus 46, 3: „Qui Sti-
„chum aut Pamphilum dari promisit . . . . . et ab alio
„vulneratum si det, condemnandus erit, cum possit alium
„dare."

Es handelt sich nur um Verschlechterung der Sache;
die Ausdehnung auf den Untergang würde durch einen
Schluss a minore ad majus geschehen. — Ebenso gehört
nicht hieher:

l. 11. § 1. D. de leg. II: „Stichum aut Pamphi-
„lum, utrum heres meus volet, Titio dato, dum, utrum
„velit dare, eo die quo testamentum meum recitatum erit,
„dicat. . . . . . . si ante diem legati cedentem alter mor-
„tuus fuerit, alter qui supererit in obligatione manebit."

_____

[1]) S. 50 fg.

Da der Tod vor dem dies cedens eintritt, so kommt die Obligation von Anfang an als eine nur auf einen Sklaven gerichtete zu Stande. Die Bezeichnung „remanebit" ist somit ungenau. [2]) Zudem wurde hier die Wahl dem Schuldner nach dem Ausdruck von Brinz „gegeben", und dadurch das jus variandi ausgeschlossen, ferner die nicht sofortige Ausübung des Wahlrechtes mit seinem Verluste bestraft. Diese Besonderheiten lassen die Stelle als Argument weder für noch gegen eine Ansicht brauchbar erscheinen. [3])

Endlich wird unrichtig in diesen Zusammenhang gebracht [4]):

l. 10. § 6. D. de jure dotium 23, 3: „Si res „in dotem datæ fuerint æstimatæ, verum convenerit, ut „aut æstimatio aut res præstentur .... si res non exstet, „æstimationem omnimodo maritus præstabit."

Eine oblatio æstimationis ist in diesem Falle von vornherein mit dem besondern Willen der Contrahenten unvereinbar. Das nämliche muss auch von den vielen auf „Stichum aut decem" lautenden Quellenbeispielen gelten. [5])

Auf jene Bemerkung geben nun die Anhänger der Abfindungsbefugniss zur Antwort, [6]) dass die genannten Stellen

---

[2]) Pescatore, S. 208. Anm. 9.

[3]) Besonders also kann sie nicht, wie Zimmern, S. 313 meint, als eine bei Legaten »allgemein« sprechende Stelle angeführt werden.

[4]) So von Zimmern, S. 311 Note 4, und andere.

[5]) Z. B. l. 8. § 8—10. D. de fidejuss. 46, 1. — S. oben S. 12, Anm. 4.

[6]) So Zimmern, S. 311 unten u. fg.

eben „ganz allgemeine und unbeschränkte Entscheidungen"
enthalten, die „durch andere Stellen restringirt werden
müssen, um nicht in unlösbare Widersprüche verwickelt zu
werden." Derartige Beispiele gebe es auch in andern Ge-
bieten des römischen Rechtes. Diese Entgegnung kann für
sich betrachtet überzeugen, sollte aber durch andere Quellenstellen die Nichtexistenz der Abfindungsbefugniss wahrscheinlich gemacht werden, so muss zufolge dessen die Vermuthung
viel näher liegen, dass auch jene „allgemeinen" Entscheidungen vollständige und correcte seien. [7]

II. Die für die oblatio æstimationis angeführten Quellenstellen.

1. L. 95. § 1. D. de solutionibus. 46, 3.

Papinianus libro XXVIII quaestionum:
„— Quod si promissoris fuerit electio, defuncto altero
„qui superest æque peti poterit. enimvero si facto debi-
„toris alter sit mortuus, cum debitoris esset electio, quam-
„vis interim non alius peti possit, quam qui solvi etiam
„potest, neque defuncti offerri æstimatio potest, si forte
„longe fuit vilior, quoniam id pro petitore in pœnam pro-

[7] S. unten S. 68. sub III.

„missoris constitutum est, tamen, si et alter servus postea
„sine culpa debitoris moriatur, nullo modo ex stipulatu
„agi poterit, cum illo in tempore, quo moriebatur, non
„commiserit stipulationem: sane quoniam impunita non
„debent esse admissa, doli actio non immerito desidera-
„bitur."

I. In dieser Stelle findet die herrschende Meinung
einen hinlänglich sichern Beweis für die Abfindungsbefugniss, der in Verbindung mit l. 47. § 3. D. de legatis I.
ihre Existenz im römischen Rechte ausser Frage stelle. Beide
Quellenzeugnisse sollen sich gegenseitig ergänzen und ver-
stärken: das eine drücke sich zwar positiv aus, dagegen
nicht bestimmt genug und nur in Bezug auf Legate; das
andere, die l. 95. § 1 cit., gestatte zwar nur einen Schluss
a contrario, spreche aber anderseits mit hinreichender Deut-
lichkeit und Allgemeinheit.

Diese Stelle handelt von dem Falle, wo der eine der
alternativ geschuldeten Gegenstände durch ein Verschulden
des Verpflichteten („ — facto debitoris —") [1]) untergeht;
die Befugniss, den Werth desselben zu leisten, soll nun hier
abgesprochen werden („ — neque defuncti offerri æstimatio
potest —"), aber nur zur Strafe dieses Verschuldens („ — quoniam id pro petitore in poenam promissoris constitutum est —").
Somit komme sie dem Schuldner zu Gute, wenn keine culpa
von seiner Seite vorliegt.

---

[1]) Von dem Erforderniss des »facto debitoris« wird heute allgemein abgesehen; es genügt culpa schlechthin. Windscheid, Pandekten II § 255. Anm. 14. Pescatore, S. 231, Anm. 2.

Die verschiedene Auslegung der Worte „si forte longe fuit vilior" hat zu zwei getrennten Ansichten über die Grenzen der Statthaftigkeit dieser oblatio æstimationis geführt.

1. Es entscheidet für ihren Ausschluss lediglich das Vorliegen von culpa. [2]) Der culpose Schuldner verwirkt stets sein Privilegium. Die obigen Worte enthalten nach dieser Auffassung das Motiv, welches den Schuldner zunächst bestimmen könnte, die æstimatio als Leistung zu wählen. [3])

2. Für ihren Ausschluss ist neben dem Vorliegen von culpa noch erforderlich, dass der Werth des untergegangenen Gegenstandes geringer oder sogar bedeutend geringer sei, als der des übrig bleibenden. [4]) Der culpose Schuldner verwirkt also sein Privilegium nicht immer. Die obigen Worte werden hier als eine Einschränkung des vordern Satzes „neque defuncti offerri æstimatio potest" ausgelegt.

Die Existenz einer facultas alternativa vorausgesetzt, gebührt ohne allen Zweifel der erstern Ansicht der Vorzug. [5]) Es erscheint viel gerechter und einleuchtender, den Eintritt einer dem Schuldner gewährten Begünstigung allein nur von seinem pflichtgemässen Benehmen abhängig zu machen, als dabei noch den zufälligen Werth des Gegenstandes zu berücksichtigen und so auch dem culposen Verhalten bis-

---

[2]) S. die S. 2. Anm. 2. Genannten.

[3]) Fuchs, a. a. O.: » — wann wohl der Schuldner von dieser Vergünstigung Gebrauch zu machen Lust haben würde — «.

[4]) S. die S. 2. Anm. 3. Genannten.

[5]) Vertheidigung der zweiten durch Zimmern, S. 316, s. oben S. 7, Anm. 8; durch Brinz, s. oben S. 8 fg.

weilen Nachsicht zu gewähren. Zudem wird in dem fol-
genden Satze, wie ihn beide vorliegende Meinungen ver-
stehen, ausdrücklich hervorgehoben, dass die Verweigerung
der Abfindungsbefugniss „in poenam promissoris“ festgestellt sei.

Die herrschende Auffassung der Stelle erscheint auf
den ersten Blick als die natürlichste und zunächstliegende.
Namentlich ist der Einwand von Pescatore [6]) nicht gerechtfertigt, dass bei ihr der Ausdruck „— pro petitore —“
„schlechthin unverständlich“ sei. Denn es liegt in der That
ein Interesse des Klägers darin festgesetzt, dass er nicht
gewärtigen muss, mit dem Werthe der Leistung abgefunden
zu werden, auf den er kein Recht hat. Sein rechtlicher
Standpunkt wird dadurch immer günstiger, trotzdem ihm
im concreten Falle die Leistung des Werthes ebenso ange-
nehm sein mag.

Einen gewichtigen Grund gegen eine von Papinian
angeblich in der Stelle erwähnte Abfindungsbefugniss bietet
dagegen der Umstand, dass dieselbe auffallender Weise nicht
schon im ersten Satze des § 1 berührt wird, wo doch gerade von dem Falle die Rede ist, bei welchem sie Platz
greifen soll; dass sie vielmehr erst in der darauffolgenden
Entscheidung nachträglich zur Sprache kommt, und, ohne
hier weiter zum Verständniss beizutragen, nachträglich a
contrario aus dem Texte herausgelesen werden muss. Dort
zu Anfang des § 1 wird sogar umgekehrt auf das principium als einen gleich zu entscheidenden Fall („— æque

---

[6]) S. 219, 224.

peti poterit —") Bezug genommen, d. h. auf einen Fall, bei dem die Unstatthaftigkeit der oblatio æstimationis allgemein zugegeben wird. [7])

Des fernern mag darauf verwiesen werden, dass die Stelle, wie Dernburg sich ausdrückt, ein Janusgesicht trägt, so dass die entgegengesetztesten Theorien über die alternative Obligation auf sie gegründet werden konnten. [8]) Der grammatische Aufbau des ganzen Satzes erscheint sehr complicirt und vielleicht auch nicht völlig correct; [9]) eine Anzahl Nebengedanken sind aus dem Hauptbegriffe als Motivirungen oder weitere Ausführungen desselben herausgezogen und in schwer übersehbarer Weise an ihn angereiht worden. Endlich ergibt die Wiedergabe der entscheidenden Worte „quoniam id pro petitore in poenam promissoris constitutum est" in den Basiliken einen von der herrschenden Auffassung durchaus verschiedenen Sinn. [10]) All' dies muss nothwendig die Richtigkeit der gewöhnlichen Uebersetzung oder doch wenigstens ihre Beweiskraft in Frage stellen.

Der Hauptgrund aber gegen dieselbe ist ein äusserer: die Thatsache, dass andere Quellenstellen die Abfindungsbefugniss theils wahrscheinlich, theils bestimmt ausschlies-

---

[7]) Z. B. von Windscheid, a. a. O. Anm. 12, von Zimmern S. 316. 2. A. — s. unten S. 56, Anm. 3.

[8]) Dernburg, Pandekten II. § 27, Note 12. Gewöhnlich wird sie als Beweis dafür gebraucht, dass sämmtliche Leistungsobjecte als solche in obligatione seien; umgekehrt von Bernstein, a. a. O. S. 84, für seine suspensive Pendenztheorie.

[9]) Pescatore, S. 220 in der Mitte.

[10]) S. unten am Schlusse dieses Abschnittes

sen. [11]) Dies führt zu der zwingenden Frage, ob sich nicht unsere l. 95. anders und richtiger erklären liesse, so dass dadurch die Annahme eines Widerspruches in den Quellen unnöthig würde. In der That hat Pescatore in glücklicher Weise diese Aufgabe gelöst, indem er die fraglichen Worte als im Zusammenhang mit dem principium der Stelle stehend auffasst und so zu einer Deutung gelangt, die an Natürlichkeit nicht hinter der frühern zurücksteht. [12]) Die hier nachfolgende Erklärung lehnt sich im wesentlichen an die Auffassung Pescatores an.

II. Das principium der l. 95 cit. lautet:

„„Stichum aut Pamphilum, utrum ego velim, dare „spondes?" Altero mortuo qui vivit solus petetur, nisi „si mora facta sit in eo mortuo, quem petitor elegit: „tunc enim perinde solus ille qui decessit praebetur, ac „si solus in obligationem deductus fuisset."

Die Stelle handelt von einer alternativen Verpflichtung mit Wahlrecht des Gläubigers. Zwei Fälle werden unterschieden:

1. Casueller Untergang eines Objectes: er bewirkt Concentration der Obligation auf das andere.

2. Untergang desselben nachdem dadurch mora eingetreten ist, dass der Gläubiger das von ihm gewählte Object

---

[11]) S. unten S. 50 fg.

[12]) Das nämliche Vorgehen bei der Interpretation findet sich schon früher bei einem Anhänger der Abfindungsbefugniss, Cujacius, der ebenfalls in § 1 der Stelle keine facultas alternativa erwähnt sieht. Seine treffenden Erörterungen hierüber in den Quæstiones Papin. lib. 28 ad legem cit. — Vergl. die nachfolgenden Anmerkungen.

forderte. Concentration auf das untergegangene Object konnte
hier nicht stattfinden, denn dazu gehört nach einem allgemeinen Grundsatze thatsächlich vollzogene Leistung; nicht
genügt blosse Wahlerklärung, da dieselbe widerruflich ist.[13]
Noch weniger konnte sie in Bezug auf das übrig gebliebene
Object eintreten, weil sonst als Folge des morosen Verhal-
tens des Schuldners geradezu ein Zwang gegen den ge-
offenbarten Willen des Gläubigers vorläge. Die Obligation
dauert also als alternative fort,[14] nur mit dem Unterschiede,
dass statt eines Objectes sein Interesse præstirt werden muss;
denn mit der Leistung dieses Objectes (aber auch nur desselben) befand sich der Schuldner in Verzug, so dass hierauf die Regel Anwendung findet: mora perpetuatur obligatio.
Dass in der That noch zwei Leistungen in obligatione sind,
bezeugt die Wendung „ — qui vivit solus petetur, nisi — ",
welche die beiden Fälle, ihren Gegensatz hervorhebend, mit
einander verbindet.

[13] Die herrschende Lehre sieht sich desshalb genöthigt, an-
zunehmen, dass hier gegen diesen Grundsatz des jus variandi sofortige
Gebundenheit an die einmalige Erklärung beabsichtigt gewesen sei. —
Dagegen Pescatore, S. 56.

[14] Ebenso Pescatore, S. 56, 255 fg., Mommsen, a. a. O. S. 26,
3, a., Cujacius, loc. cit. Letzterer sagt hierüber: » — nec enim
potest mora fieri, antequam elegerit aliquem stipulator; eo casu
electio stipulatori non ideo perit, quod superest tantum alter. Nam
vel is præstatur, qui superest, si eum maluerit stipulator, vel is qui
mortuus est, quem elegerat stipulator: præbetur, inquit Papinianus,
id est æstimatio ejus præbetur, si forte longe majoris pretii fuerit. In
pœnam promissoris hoc est constitutum, ut possit eligere stipulator pretium mortui, qui longe fuit altero pretiosior. atque ita ad cœr-
cendam moram promissoris electio durat etiam post mortem electi. — «

Der erste Paragraph der Stelle bespricht analoge Fälle bei Wahlrecht des Schuldners: .

1. Casueller Untergang eines Objectes: er bewirkt wie oben sub 1 („— æque —") Concentration auf das übrig gebliebene. Dass dem Schuldner eine facultas alternativa zu gute komme, erwähnt Papinian nicht.

2. Die hier ebenfalls mögliche Annahme, dass mora vorliege, wird nicht berücksichtigt. Offenbar bietet sie dem Juristen kein für seinen Gedankengang passendes Beispiel. Denn der Schuldner befindet sich in diesem Falle mit jedem der geschuldeten Objecte in Verzug, da jedes derselben, sei es mit seinem Willen, sei es durch casus oder culpa creditoris oder seiner selbst, Leistungsobject resp. Gegenstand der Interesseprästation werden kann. [15]) Papinian will dagegen einen Fall setzen, bei dem wie oben sub 2 nur ein einzelner Gegenstand der Obligation direct verletzt erscheint. Indem er also von dem Tode des einen Sklaven facto debitoris spricht, erhält er einen solchen dem frühern analogen Thatbestand der culpa debitoris.

Hierdurch, sagt er, concentrire sich die Obligation auf den noch lebenden Sklaven („— non alius peti possit, quam qui solvi etiam potest —"). Es könne also nicht die æstimatio des Gestorbenen geleistet werden, was ja unter Umständen von Vortheil wäre („— neque defuncti offerri æstimatio potest, si forte longe fuit vilior —"). Dieser Gedanke möchte sich etwa aufdrängen,

---

[15]) Anders Pescatore, S. 222. — Culpa creditoris: Beispiel die l. 55. ad. leg. Aquil. 9, 2.

weil oben im pr. neben der Naturalleistung ebenfalls vom
Ersatz des Werthes die Rede war. Desshalb macht Papinian besonders darauf aufmerksam, dass es sich daselbst
um eine Verpflichtung des (nicht wahlberechtigten) Schuldners zur Strafe für seine Säumniss gehandelt habe („— quoniam id pro petitore in poenam promissoris constitutum est —"). [16])

Obgleich also inzwischen („— quamvis interim —")
wegen der culpa des Schuldners der Gläubiger nur noch
auf ein Object angewiesen ist, so steht dieses dennoch auf
seiner Gefahr, und wenn es also hinterher casuell untergeht („— si et alter servus postea sine culpa debitoris moriatur —"), so kann dennoch auf keine Weise
mehr aus der Stipulation geklagt werden (—„ tamen ...
nullo modo ex stipulatu agi poterit —"), weil eben
zur Zeit dieses casuellen Unterganges der Schuldner dieselbe noch nicht (durch culpa oder mora) hat verfallen
lassen („— cum illo in tempore, quo moriebatur, non
commiserit stipulationem —"). Da aber so missfälliges
Thun [17]) nicht ungestraft bleiben darf, so wird man eine

---

[16]) Cujacius, loc. cit.: »— si culpa promissoris mortuus sit,
exstinguitur electio,...... Neque obstat quod dictum est in
principio,... cum qui sibi recipit electionem, post moram promissoris
mortuo altero, mortui pretium eligere posse, si forte fuerit pretiosior
superstite: nam hoc, ut respondet Papinianus, ita constitutum est
pro stipulatore in poenam promissoris, qui moram fecerat, ut in eo coër-
ceatur mora.«

[17]) Ueber die meistentheils sehr üble Bedeutung von »admissum«
vergleiche l. 10. 11. D. de extraord. crim. 47, 11, 1. 26. 37. 43. D. de
poenis. 48, 19.

actio doli nicht mit Unrecht verlangen können („ — sane
quoniam impunita non debent esse admissa, doli
actio non immerito desiderabitur —“). [18])

Unzulässig erscheint uns der Vorschlag Pescatores, [19])
den Nachsatz erst mit „sane quoniam . . .“ beginnen zu
lassen und den Satz „. . . nullo modo ex stipulatu agi poterit . . .“ als Nebensatz mit „obwohl“ eingeleitet zu behandeln. Letzterer wird viel natürlicher seiner Construction
und seines Zusammenhanges mit „tamen“ wegen als der
wirkliche Nachsatz aufgefasst, wie er auch den entscheidenden Hauptgedanken enthält. Der Aufbau der Satzperiode
würde sonst, wie dies die Paraphrase Pescatores beweist,
zu einem ungemein schwerfälligen und kaum mehr ver-
ständlichen.

Ferner bezieht Pescatore „moriebatur“ auf den zuerst
getödteten Sklaven, die hier gegebene Erklärung auf den
zuletzt verstorbenen, weil von ihm unmittelbar vorher die
Rede war („ — moriatur —“). In diesem Sinne erklärt
auch Cujacius [20]) den Passus: „— quia posterior, qui
mortuus est, in quo consistebat obligatio, mortuus est, antequam stipulationi locus esset, id est ante moram et cul-
pam promissoris. —“

Dass schon im römischen bonæ fidei judicium und heute
allgemein statt mit der actio doli direct mit der Contracts-

---

[18]) Der unmittelbar nachfolgende, mit dem unserigen vergleichs-
weise verbundene Fall des fidejussor bleibt für unsere Frage bedeutungslos. Cujacius, loc. cit. erörtert ihn in dem gleichen Zusammenhang.

[19]) S. 220.

[20]) Loc. cit.

klage vorgegangen werden kann, und zwar so gut bei culpa
als bei dolus, ist unbestritten. [21]) Dagegen wird der Inhalt
dieses Ersatzanspruches verschieden bestimmt. Nach der
einen Ansicht muss der Schuldner „den Gläubiger dafür
entschädigen, dass dieser nun durch seine Schuld weder
den einen noch den andern Leistungsinhalt erhält"; er muss
also stets nur für den geringwerthigeren aufkommen. [22])
Eine andere fordert Entschädigung speciell dafür, dass er
den culpos vernichteten nicht erhält. [23]) Die Gegner einer
facultas alternativa müssen sich consequenterweise für die
letztere Meinung entscheiden: Nach dem verschuldeten Untergange des einen Gegenstandes kann sich der Verpflichtete
vor der Hand einer Verantwortung dadurch entziehen, dass
er den übrig gebliebenen, zur Solution ebenfalls genügenden,
zu leisten erklärt. Tritt aber jetzt zufällig die Unmöglichkeit, dies zu thun, ein, so wird der Gläubiger mit Recht
sagen, dass er nun das erstere Object mit Bestimmtheit zu
fordern berechtigt wäre, und dass ihm also der Schuldner
hiefür das Interesse zu leisten schuldig sei. Umgekehrt
hat er durchaus keinen Anspruch mehr auf den casuell
untergegangenen Gegenstand, der unwiderruflich aus der
Obligation ausgeschieden ist. Gibt man dem Schuldner die

---

[21]) S. z B. die Anm. 1. Genannten. — Puchta, Vorlesungen § 302
forderte noch dolus des Schuldners.

[22]) So Windscheid, § 255 [14]; Vangerow, III. § 569, Anm. 1.
I, 2, a., der seinen Standpunkt aus der facultas alternativa begründet;
endlich Pescatore, S. 231, zu Anm. 2, wie uns scheint, inconsequent.

[23]) So Zimmern, S. 318; Mommsen, a. a O., § 26, 3. b;
Dernburg, Pandekten II. § 27 [12].

Wahl, für welches Object er einstehen wolle, so liegt eine facultas alternativa vor, für welche hier nicht mehr Gründe sprechen, als in unserm gewöhnlichen Falle, wo an Statt der Interesse- die Sachleistung geschuldet wird. —

Die vorliegende Erklärung würde also die Annahme, dass die fragliche Abfindungsbefugniss, wenn auch nur indirect, in der Stelle erwähnt sei, bestimmt ausschliessen.

Auf eine werthvolle Bestätigung dieser hier vertretenen Ansicht in der Wiedergabe der l. 95 pr. u. § 1 cit. durch Bas. XXVI, 5, 95 wird von Pescatore [24]) aufmerksam gemacht. Die Worte „quoniam id pro petitore in poenam promissoris constitutum est“ erscheinen hier in folgender Form: „τὸ γὰρ ἀπαιτεῖσθαι τὴν τιμὴν τοῦ τελευτήσαντος εἰς ποινὴν ὡρίσθη τοῦ ὁμολογήσαντος.“ Der Verfasser konnte also bei der Uebersetzung des „id“ unmöglich an eine einseitige Berechtigung des Schuldners gedacht haben, die ihm hier durch sein Verschulden verloren ging. Er hatte vielmehr eine Verpflichtung im Sinne, die ihm zur Strafe (offenbar wegen der vorher erwähnten mora) erwachsen ist.

---

2. L. 47. § 3. de leg. I.

Ulpianus libro XXII ad Sabinum: „ . . . Sed si „Stichus aut Pamphilus legetur et alter ex his vel in „fuga sit vel apud hostes, dicendum erit praesentem prae-

---
[24]) S. 223.

„stari aut absentis æstimationem: totiens enim electio est
„heredi committenda, quotiens moram non est facturus
„legatario. qua ratione placuit et, si alter decesserit,
„alterum omnimodo praestandum, fortassis vel mortui
„pretium. sed si ambo sint in fuga, non ita cavendum,
„ut, „si in potestate ambo redirent", sed „si vel alter",
„et „vel ipsum vel absentis æstimationem praestandam"."

I. Es ist dies die einzige Stelle, auf die sich die Anhänger der Abfindungsbefugniss direct als auf einen
positiven Gesetzesausspruch berufen können. Aber eine principielle Anerkennung derselben darf man aus der vorliegenden Entscheidung nicht entnehmen. Gilt sie für die alternativen Legate, so ist damit noch nicht gesagt, dass dies
auch für die alternative Obligation schlechthin der Fall sei.
Der Beweis, dass ein solcher Schluss in der That unge-
rechtfertigt ist, wird später zu erbringen versucht werden. [1]

II. Nach der Ansicht Pescatores soll sich die Stelle
dahin auslegen lassen, dass die zu erklärenden Worte „fortassis vel mortui pretium" von einer Pflicht des Schuldners
zur Werthleistung unter bestimmten Umständen handeln.
Der betreffende Satz wird von ihm in folgender Weise übersetzt: [2]

„Aus demselben Grunde ist anzunehmen, dass, wenn
„einer der beiden Sklaven gestorben ist, der andere
„jedenfalls, unter Umständen sogar der Werth des Ver-
„storbenen geleistet werden müsse."

---

[1] Sämmtliche Gründe hiegegen zusammengestellt auf S. 68.
[2] S. 229 unten u. fg.

Welches diese Umstände seien, wird nicht genauer unter-
sucht, dagegen als Beispiel der Fall angegeben, dass „der
Beschwerte den Tod des einen Sklaven verschuldet hatte,
und nun der andere ohne ein Verschulden des Beschwerten
umkommt." Es ist dies genau der Thatbestand der schon
behandelten l. 95. § 1. D. de solutionibus 46,3. Nun muss
zunächst auffallen, dass, wie allgemein angenommen wird,
in dieser Stelle der Schuldner zur Interesseleistung verpflichtet erscheint; nach der speciellen Formulirung Pescatores hat er „den Gläubiger dafür zu entschädigen, dass
dieser durch seine Schuld weder die eine noch die andere
Leistung erhält." [3]) In dem hier angegebenen Beispiele
aber muss bloss der Werth des Verstorbenen, also der Sachwerth geleistet werden. Nach jener Formulirung wäre ferner
in den kurzen Ausdruck „fortassis vel mortui pretium" noch
der weitere Sinn zu legen, dass bei der Entschädigung
zwischen dem pretium des durch Zufall und der Interesseleistung des wegen culpa Umgekommenen gewählt werden
dürfe.

Die Auffassung Pescatores, für sich betrachtet immerhin annehmbar, geräth in Widerspruch mit dem Zusammenhang der Stelle als eines einheitlichen Ganzen. Unserm
Falle geht nämlich ein analoger voran und ein analoger
folgt ihm nach. Der erstere schliesst ferner mit einer offensichtlich auch für unsere Entscheidung geltenden Begründung, so dass eine innere Zusammengehörigkeit nothwendig

---

[3]) Pescatore, S. 231; oben Anmerkungen 22 fg. auf S. 29.

bestehen muss. Dieselbe wird, mit Vergleichung der Ansichten Pescatores, des Nähern nachzuweisen sein.

Der Jurist nimmt zuerst an, dass einer der alternativ vermachten Sklaven auf der Flucht oder in Gefangenschaft sich befindet und entscheidet hierüber folgendermassen:

„— dicendum erit præsentem praestari aut „absentis æstimationem. —" d. h. „es kann die Obli-„gation getilgt werden durch Leistung des geschuldeten „vorhandenen Sklaven oder aber des Werthes des ge-„schuldeten nicht vorhandenen."

Es liegt vor eine alternative Ermächtigung: der Erbe kann sich durch Werthleistung von der Naturalleistung befreien, damit er nicht ohne Schuld schlimmer gestellt würde, als der Erblasser es wollte. — Pescatore verneint nun entschieden das Vorhandensein dieser facultas alternativa. [4]) Es handle sich vielmehr um eine „Verpflichtung mit alternativem Inhalte" zur Leistung des anwesenden Sklaven oder der astimatio absentis.

Zunächst wird hiefür geltend gemacht die Folgerung, „dass, wenn der anwesende Sklave ohne Verschulden des Beschwerten stirbt, zweifellos derselbe nicht vollständig be-freit, sondern nunmehr als zum „cavere de restitutione servi absentis" in Gemässheit des § 2 verpflichtet erscheint." Hierin erblicken wir eher ein Argument gegen die Meinung Pescatores. Denn läge eine alternative Verpflichtung vor, wäre also die Summe von Zehn, die der flüchtige Stichus werth ist, in obligatione, so würde sie durch den Tod des

---

[4]) S. 229.

Pamphilus direct einklagbar. [5]) Tritt nun statt dessen eine
blosse Verpflichtung zur Cautionsstellung ein, so beweist
dies eben, dass nicht die Werthleistung in die Obligation
aufgenommen, sondern die vor der Hand unmögliche Sachleistung darin verblieben ist. Die Annahme, dass die Werthsumme in obligatione sei, führt zu der von Pescatore nicht
gestellten Frage, ob auch der abwesende Sklave darin verblieben ist. [6]) Je nach der Antwort gelangen wir zu einer
zwei- oder dreigliederigen Disjunction. In beiden Fällen
wird die Lage des Schuldners ohne Grund verschlechtert:
nämlich in Bezug auf die Tragung der Gefahr. Ist der
Geldeswerth in obligatione, dann gilt von ihm der Satz:
genus perire non censetur; dann vermag kein Zufall mehr
die Obligation zu tilgen.

Einen zweiten, noch bedeutsamern Beweis dafür, dass
es sich um eine alternative Verpflichtung handle, will Pescatore im Schlusse der Stelle finden:

„ — sed si ambo sint in fuga, non ita cavendum,
„ut, „si in potestate ambo redirent,“ sed „si vel alter,“
„et „vel ipsum vel absentis æstimationem præ-
„standam —““.

Er weist darauf hin, dass sich das zwingende „præ-
standam“ gleichmässig auf „ipsum“ und „æstimationem“ be-
ziehe. In der That ist hier die Uebersetzung in seinem

---

[5]) Abgesehen von einer denkbaren facultas alternativa auf den
Werth des gestorbenen Anwesenden, die natürlich von Pescatores Ansicht aus nicht zugegeben werden darf.

[6]) Vergl. unten S. 36.

Sinne streng sprachlich genommen die nächstliegende. Bei Berücksichtigung der Natur des dargestellten Rechtsverhältnisses führt sie aber zu den gleichen Unbilligkeiten, wie im obigen Falle. Denn dieser letztere liegt vor, sobald die Thatsache, auf die sich die Cautionsstellung bezieht, eingetreten ist. Der obige Ausdruck „præsentem præstari aut absentis æstimationem" ist also dem hier von Pescatore angeführten völlig gleichwerthig, und es hindert nichts, auch diesen letztern im Sinne einer alternativen Ermächtigung grammatisch auszulegen. Der Jurist will doch in erster Linie sagen, dass erst nach der Rückkehr, im Gegensatz zur frühern blossen Cautionspflicht, geleistet werden müsse, und er betont allein, dass die Rückkehr eines Sklaven genüge. Genaue Distinctionen mit weiten Umschreibungen zu machen, hat er hier noch weniger Grund als oben, wo die Sachlage bereits zur Sprache kam. Endlich lassen sich derartige uncorrecte Wendungen auch in andern Fällen nachweisen, wo unzweifelhaft eine facultas alternativa vorliegt. [7])

Angenommen, die Werthsumme sei bloss in solutione, so bleibt noch übrig, die Entscheidung Ulpians auf Grund dieser Auffassung näher zu betrachten. Wir erblicken in

---

[7]) So ebenfalls von Ulpian in l. 1 pr. D. si quadrupes paup. fec. dic. 9, 1: »— quæ lex voluit, aut dari id quod nocuit, id est id animal quod noxiam commisit, aut æstimationem noxiæ offeri.« § 11 eod.: »— quamobrem eum tibi (?) aut noxam sarcire aut in noxam dedere opportere —«. — S. Pescatore, S. 265, Anm. 3. Vergl. auch S. 190, Anm. 3, eod.

derselben ein Privilegium, das dem Erben in Folge der Unmöglichkeit, die eine Sache zu leisten, gewährt wird.

Ohne die facultas alternativa wäre, wie uns scheint, die Ausübung des Wahlrechtes ausgeschlossen. [8]) Denn sich für den einen Gegenstand entscheiden, heisst zugleich dessen völlige, hier insbesonders dessen rechtzeitige und gewisse Leistung versprechen. Letzteres kann in Bezug auf den flüchtigen Stichus nicht mehr geschehen, und es müsste nun nach jus strictum der andere ebenso gut geschuldete unbedingt geleistet werden. Es wäre dies zum voraus sicher, wenn der abwesende Sklave desswegen, weil er von Anfang an ausserhalb dem Machtbereiche des Schuldners liegt, überhaupt nicht in die Obligation aufgenommen würde. Es ergäbe sich aus den oben auf S. 13 fg. behandelten Stellen, welche den allgemein anerkannten Satz enthalten, dass in diesem Falle schlechthin Concentration auf das in die Obligation aufgenommene Object erfolgt. Aber auch bei der umgekehrten und wahrscheinlichern Annahme, dass der absens in die Obligation eintritt, wäre für die Regel in gleichem Sinne zu entscheiden. Die absentia bewirkt, dass die Leistung zunächst höchstens durch Caution gesichert und im günstigsten Falle erst später vollzogen werden kann. Sie bedeutet, wenn nicht physisch so doch juristisch und ökonomisch, eine Deterioration der Sache, da der Gebrauch derselben unwiederbringlich für eine nicht bestimmbare Zeit, vielleicht auch für immer unmöglich geworden

---

[8]) Andere Auffassung s. unten S. 41 sub 2.

ist. Das Recht, das verschlechterte Object zu leisten, wird aber von der herrschenden Ansicht [9]) dem Schuldner mit Grund versagt, und es erscheint uns unpassend, für unsern speciellen Fall, wo die Verschlechterung den Parteien unbewusst schon zur Zeit der Entstehung der Obligation vorliegt, eine Ausnahme zu machen. Trägt der Schuldner stets die Gefahr des Unterganges [10]) oder der Deterioration des ersten Objectes, so fordert die Consequenz, ihn auch diesen anfänglichen Schaden tragen zu lassen. Die entgegenstehende Meinung entgeht dem Vorwurfe nicht, das Wahlrecht auf Kosten der Leistungspflicht zu überschätzen.

In Abweichung von der Regel stellt der Jurist in unserer Stelle dem Erben immer noch die Möglichkeit zu wählen anheim („— electio est heredi committenda —"), was er eben dadurch, und zwar voraussichtlich ohne den Legatar zu schädigen, [11]) erreicht, dass er die Leistung der æstimatio als zur Solution genügend erklärt. Dabei macht er eine Ausnahme für den Fall, dass der Schuldner sich dieser künstlich aufrecht erhaltenen Befugniss zu wählen

---

[9]) S. Pescatore, S. 198.

[10]) l. 34, § 6. D. de contr. empt. 18, 1: »— prioris periculum ad venditorem, posterioris ad emptorem respicit — «. Dieser Satz wird hier allgemein für die alternative Obligation als solche, nicht als Besonderheit des Kaufes ausgesprochen. Denn er bildet die Motivirung der vorhergehenden Entscheidung »— uno mortuo qui superest dandus est — «. Inwiefern derselbe in seinem zweiten Theile durch die besondere Natur der Austauschverträge modifizirt wird, bleibt hier gleichgültig.

[11]) S. unten S. 46.

wegen mora [12]) unwürdig zeigt. Er sucht den Legatsempfang hinauszuschieben oder zu hintertreiben, etwa durch den Hinweis, den absens leisten zu wollen. In diesem Falle erwirbt der Legatar einen Anspruch schlechthin auf den Anwesenden.

Der Gedankengang der Stelle wäre also gemäss den gegebenen Erörterungen folgender:

1. Ist die Leistung eines Sklaven vorübergehend verunmöglicht, so bleiben beide in obligatione, aber es tritt die alternative Ermächtigung zur Werthleistung hinzu.

2. Dies findet seine Begründung („— totiens enim —") darin, dass dem nicht morosen (allgemein: nicht culposen) Schuldner die Wahl erhalten bleiben muss,

3. Aus demselben Grunde („— qua ratione placuit et —") muss nach dem Tode des einen (d. h. wenn man an Stelle der obigen relativen die absolute Unmöglichkeit, ihn zu leisten, annimmt) der andere zwar stets geleistet werden, kann man aber unter Umständen [13]) (sc. wenn

---

[12]) Dass »moram« hier nicht speziell mora solvendi im technischen Sinne bedeuten solle, sondern allgemein »unstatthafter Aufschub«, wird von Pescatore mit Bezugnahme auf das principium hervorgehoben. S. 228. Wir sehen keinen zwingenden Grund hiezu. S. auch Mommsen, a. a. O. III 262. Anders bei der unten sub IV dargestellten Auffassung. — Dass die Entscheidung auf alle Fälle von culpa auszudehnen sei, ist unbestritten.

[13]) Dass »fortassis« häufig »unter Umständen« bedeutet, weist Pescatore, S. 226, an vielen Stellen nach. Gewöhnlich fand man darin die alternative Ermächtigung ausgedrückt und umschrieb: »si fortassis malit heres id præstare.« Die verschiedenen Versionen stellt Pescatore S. 225 fg. zusammen. S. auch unten S. 43 unter V. und S. 42 oben.

keine mora [culpa] vorliegt) die alternative Ermächtigung, das pretium mortui zu leisten, hinzutreten lassen.

4. Ist die Leistung beider Objecte vorübergehend verunmöglicht, so verpflichtet dies bloss zur Cautionsstellung bis zum etwaigen Eintritt von Fall 1.

Den Entscheidungen unter 1. und 3. liegt das nämliche unter 2. enthaltene Motiv zu Grunde. Und dennoch sind diese mit den Worten „qua ratione" verbundenen Fälle nach Pescatore grundverschiedene. In dem einen wäre eine alternative Ermächtigung, oder wie Pescatore annimmt, ohne den Contrast verwischen zu können, eine alternative Verpflichtung vorgesehen lediglich zu Gunsten des ohne Schuld der Wahl beraubten Debitors; in dem andern dagegen, gemäss dem angeführten Beispiele, lediglich zu seinen Ungunsten, als Schadensersatz für sein pflichtwidriges Benehmen, ohne welches er nun liberirt wäre, oder, wie Papinian sagt: quoniam impunita non debent esse admissa.[14] Passendere Beispiele werden sich aber schwerlich finden lassen; denn sobald man beim Tode des ersten Sklaven von einer Verschuldung und somit von der hieraus entspringenden Schadensersatzpflicht absieht, so kommt man gerade vom Standpunkte Pescatores aus nothwendig zu dem Schlusse, dass nun Concentration auf den andern eintrete, dass dieser und nur er „jedenfalls geleistet werden müsse."

III. Einen weitern Versuch, die facultas alternativa aus der Stelle zu eliminiren, gibt Ryck.[15] Er geht aus

---

[14] l. 95. § 1. cit.

[15] Lehre von den Schuldverhältnissen. II. S. 240 fg.

von dem Begriffe des eventuellen Vermächtnisses, welches
zu dem principalen „hinzutritt“, wenn „die Beschaffung des
vermachten Gegenstandes dem Onerirten nicht leicht möglich war.“ In Anwendung dieses Grundsatzes auf das alternative Legat erklärt er unsere Stelle wie folgt:

„— es ist der vorhandene Gegenstand schlechterdings,
„bisweilen auch der Werth des untergegangenen zu leisten:
„wenn der Onerirte nämlich ohne Schuld, steht beides in
„seiner Wahl. Nach dem Zusammenhang der Stelle ist die
„Werthleistung in diesem Falle nicht bloss Pflicht[16])
„sondern auch Recht des Onerirten.“

Was Pescatore für den vorhergehenden und nachfolgenden, sucht Ryck für den uns speciell interessirenden Fall
nachzuweisen: dass die Werthleistung eine „Pflicht“, d. h.
dass sie in obligatione sei. Die nämlichen Gegengründe [17])
gelten auch hier: vor allem der Umstand, dass der Schuldner nun thatsächlich für den casus unbedingt einzustehen
hätte, während er sonst nur denjenigen einer Leistung
trägt. Der plötzliche Tod des übrig gebliebenen Sklaven
würde ihm zeigen, dass neben dem Willen des Erblassers
auch das Gesetz, oder seine Interpreten, ihm eine kaum zu
billigende Verpflichtung überbunden haben. Denn die noch
denkbare Annahme: das in obligatione esse dauere nur so
lange, als das andere Object existirt, müsste doch in Wirk-
lichkeit als die Leugnung einer eigentlichen Verpflichtung

---

[16]) sc. wie Pescatore meint.
[17]) S. S. 33 fg.

und die Anerkennung der blossen Berechtigung angesehen werden.

IV. Der Verfasser wurde ferner von seinem verehrten Lehrer, Herrn Prof. D.r Lotmar, auf folgende Interpretation aufmerksam gemacht: **Durchgängige Voraussetzung des ganzen § 3 sei die absentia eines Sklaven.** Dieser besondere Umstand führe desshalb auch in den daselbst behandelten Fällen, insbesondere also in dem durch die Worte „fortassis vel mortui pretium" entschiedenen, zu besondern Entscheidungen, die nicht allgemein auf Legate, noch weniger auf die alternative Obligation überhaupt ausgedehnt werden dürfen. Hievon ausgehend gelange man zu folgender Erklärung:

1. Der eine Sklave ist abwesend: der Erbe hat sich zu entscheiden zwischen der Leistung seiner æstimatio und derjenigen des Anwesenden.

2. Dies findet seine Begründung darin, dass der Legatar nicht hingehalten werden darf. Denn der Erbe könnte dies dadurch thun, dass er den Abwesenden leisten zu wollen erklärt.

3. Aus dem gleichen Grunde („— qua ratione —") ist entsprechend zu entscheiden, wenn nun der eine stirbt. Freilich nicht für den Fall, dass es der Abwesende ist; denn hier muss jetzt der Anwesende stets unbedingt geleistet werden: „— alterum omnimodo præstandum —". Wohl aber für den umgekehrten Fall: hier zu bestehen auf dem „— alterum omnimodo præstandum —" würde den Legatsempfang aufhalten, vorausgesetzt wenigstens, dass der an-

dere Sklave nicht bald zur Stelle zu schaffen ist („— fortassis —"). Es ist desshalb hier das mortui pretium zu leisten.

Nach dieser Auffassung ist die æstimationis præstatio im Verhältniss zum ursprünglichen Wahlrecht contra reum, nicht pro reo. Hiebei lässt sich aber die Begründung sub 2 nur auf den einen Fall sub 3 ausdehnen, nach der von uns gegebenen Erklärung [18]) gleichmässig auf beide Fälle. Ferner ist diese Ausdehnung hier keine unbeschränkte, wie bei uns, indem man von diesem letztern Falle zwar sagen kann, der Legatar dürfe nicht hingehalten werden, aber nicht mehr, es müsse dies auf Kosten des Wahlrechtes geschehen, da dieses durch den Tod so wie so erloschen ist.

Unabhängig von diesen Gründen, die, wir gestehen es, nicht zu einer selbständigen Widerlegung, sondern höchstens zur Unterstützung einer solchen fähig sind, hat uns eine andere Argumentation zur Abweisung vorliegender Ansicht geführt. Mag immerhin, sagten wir uns, im Falle sub 1 wegen der absentia ein besonderer Thatbestand vorliegen, welcher eine besondere Entscheidung rechtfertigt, mag auch diese Entscheidung für den Schuldner nicht eine Begünstigung, sondern umgekehrt einen ausnahmsweisen Zwang enthalten, so ist doch nicht zu erklären, wie Ulpian hätte übersehen können, dass mit dem Tode des Anwesenden gerade dieser besondere Thatbestand sich geändert hat. Ihm wie allen römischen Juristen ist gemäss der vorliegenden Ansicht unsere facultas alternativa durchaus unbekannt. Nach

---

[18]) S. oben S. 38.

dem Untergange des einen Objectes sollte also schlechthin Concentration der Forderung auf das andere eintreten, hier somit auf den abwesenden, d. h. juristisch deteriorirten,[19] aber immer noch als Gegenstand der Obligation tauglichen Sklaven. Der Erbe wäre gleich zu halten, wie wenn nur dieser Sklave legirt wäre, ein Fall, den Ulpian selbst unmittelbar vorher in § 2 dahin entscheidet: „— cavere heres debet de restitutione servi, non aestimationem praestare —". Und gerade wie er daselbst durch die Schuldlosigkeit („— si nulla culpa intervenit —") des Erben bewogen ihn von der Pflicht, die aestimatio zu leisten, ausdrücklich entbindet, so sollte er auch hier aus dem gleichen Grunde in gleicher Weise entscheiden, falls er überhaupt von der Voraussetzung seiner Abwesenheit ausginge. Statt dessen zwänge er den Erben zu der Geldleistung, trotzdem möglicherweise beide Sklaven ohne seine Schuld verloren sind.

V. Bekker[20] übersetzt die Stelle dahin, „dass es von den Umständen abhängen werde, ob der Schuldner mit der Zahlung des „mortui pretium" abkommen könne." Diese zu allgemeine Unterscheidung des „fortassis" bestimme sich genauer nach der l. 95. § 1. D. de solutionibus 46, 3. Es komme also darauf an, ob der Werth der untergegangenen Leistung bedeutend geringer ist, als derjenige der noch vorhandenen. Die Auffassung Bekkers ignorirt ebenfalls den Zusammenhang der Stelle und knüpft dafür willkürlich

---

[19] S. oben S. 36.

[20] In den Jahrbüchern des gemeinen Rechtes B. V. S. 374.

einen solchen mit einer andern an. Vor allem aber vermag sie die Schwierigkeiten, welche die gegen eine facultas alternativa sprechenden Quellenbeweise [21]) bieten, auch nicht aus dem Wege zu räumen.

VI. Nach dieser Darstellung der bisher über den § 3 des l. 47 cit. geäusserten Ansichten erübrigt es noch, die hier vertretene Auffassung, zum Theil anknüpfend an schon Gesagtes, des nähern zu erörtern.

Die Uebersetzung der Worte „fortassis vel mortui pretium" halten wir nur im Sinne einer alternativen Ermächtigung für richtig.

Dagegen schliessen eine ganze Reihe anderer Stellen die oblatio æstimationis nothwendig aus. [21]) Der scheinbare Widerspruch löst sich in natürlicher Weise dadurch, dass man in der Entscheidung der l. 47. § 3 cit. keine Bestimmung von genereller Gültigkeit, sondern bloss einen singulären, zunächst auf Legate anwendbaren Rechtssatz [22]) zu finden braucht, eine Annahme die bei näherer Betrachtung keineswegs überraschen kann.

Zunächst sprechen hiefür äussere Gründe. Ulpian erörtert in der vorliegenden lex eingehend und nach den verschiedenen Seiten hin die Leistungspflicht des Beschwerten, und er kommt dabei mehrfach zu Resultaten, die den gewöhnlichen Regeln des jus commune offenbar gleichfalls nicht entsprechen.

---

[21]) S. unten S. 68.

[22]) Einen ausschliesslich auf Legate anwendbaren findet in ihr Puchta: s. oben S. 2, Anm. 5.

So musste bereits die unmittelbar vorher und nachher erwähnte Befugniss, im Falle der Abwesenheit des einen Sklaven den Werth desselben zu leisten, selbst wenn man darin zugleich eine Pflicht erblickt, [23]) als Singularität betrachtet werden zu Gunsten des sonst der Wahl beraubten Erben. [24])

Des fernern berührt Ulpian die bekannte Sonderbestimmung über das Legat einer fremden Sache, [25]) wonach, wenn diese nur schwer erhältlich ist, der Onerirte sich mit dem Geldeswerth der Leistung befreien kann. § 2 eod.:

„— cavebit autem sic, ut, si fuerit apprehensus, „aut ipse aut æstimatio præstetur."

Nach allgemeinen Grundsätzen würde hier eine Verpflichtung zur Leistung des vollen Interesses Platz greifen. [26])

Endlich ist anzuführen der Anfang des § 2:

„Itaque si Stichus sit legatus et culpa heredis non „pareat, debebit æstimationem ejus præstare. —"

Eine Besonderheit liegt vor, sofern man unter „æstimationem ejus" nicht das Interesse, sondern bloss den Sachwerth versteht, welche Auffassung durch den Umstand nahe gelegt wird, dass der hier zuerst gebrauchte Ausdruck æsti-

---

[23]) Wie Pescatore und Ryck.

[24]) S. oben S. 36 fg.

[25]) Beispiele: l. 71. § 3. D. de legatis. I., l. 14. § 2. D. de legatis III., l. 62. D. ad leg. Falc. 35,2.

[26]) „— ganz unabhängig davon, ob er (der Versprechende) die Sache für die seinige hielt oder nicht, und ob er im ersten Falle gute Gründe für seinen Glauben hatte oder nicht«; so Windscheid, Pandekten II. § 315, Note 3.

matio später öfters und stets nur in dieser letztern Bedeutung wiederkehrt. Die culpa des Beschwerten würde also
für ihn bloss den Nachtheil haben, auf die Klage des Le-
gatars hin sofort [27]) den Sachwerth, aber nicht das Interesse
zahlen zu müssen, so dass ein Anerbieten zur Cautionsstellung ausgeschlossen wäre. [28])

Auch aus innern Gründen lässt sich die Zulässigkeit
des oblatio æstimationis für den vorliegenden Fall als Anforderung der Billigkeit rechtfertigen. Ob die geschuldete
Leistung in natura geliefert wird, kann dem Kaufmanne
der sie nothwendig auf Lager haben muss, sie vielleicht
schon selbst wieder schuldet, für sein Vermögensinteresse
allerdings nicht gleichgiltig sein; wohl aber in der Regel
dem Legatar, ob er den Stichus oder die Zehn, welche er
werth ist, vom Erben erhält. Ein Beharren auf Naturalleistung nach casuellem oder sogar von ihm selbst verschul-
detem Untergange der einen Sache würde hier meistens
eine ungebührliche Steigerung seiner Ansprüche über das
vom Erblasser beabsichtigte Mass hinaus bedeuten. Denn
hätte dieser letztere den wirklichen Willen gehabt, ihm
unter allen Umständen eine der Sachen und nicht eventuell
ihren Werth zukommen zu lassen, so würde er ihm ohne
Zweifel die Wahl, vielleicht auch sofort dingliche Rechte [29])

---

[27]) § 4 eod.: » — statim damnandus est — «.

[28]) Ebenso Salkowski in Glücks Commentar. 49. Theil. S. 151.
Anders Windscheid, Pandekten III. § 647 [6].

[29]) Derartige Quellenbeispiele: l. 9. pr. D. de opt. leg. 33, 5. l. 23.
D. de legatis. II.

eingeräumt haben. Umgekehrt spricht der Umstand, dass er den Erben nicht ausschliesslich auf ein bestimmtes Object, sondern bloss alternativ zur Leistung eines unter mehreren nach seinem freien Entschlusse verpflichtete, hier dafür, dass er eben dessen Interesse, — vorbehalten immerhin das „Dass" der vorgeschriebenen Vermögenszuwendung, — vorangestellt wissen wollte, dass also eine mögliche Abfindungsbefugniss nicht gegen seine Intentionen verstossen kann. Hervorzuheben ist der besondere Fall, wonach das Vermächtniss nicht sowohl eine Mehrung des Vermögens, als vielmehr daneben oder auch für sich allein die Befriedigung eines Affectionsinteresses zum Zwecke hat. Hier kann die Pflicht zum Werthersatz sehr zurücktreten und auch ganz ausser Betracht fallen. [30])

Das Gesagte führt zu einer Unterscheidung allgemeinerer Art, die für die Beurtheilung unserer Frage unmöglich ohne Bedeutung sein kann: ob nämlich die alternative Forderung dem Gläubiger aus einem onerosen oder lucrativen Geschäfte erworben sei. Im erstern Falle erfordert, wie bereits ausgeführt wurde, [31]) die Treue und Sicherheit des Verkehrs und die gerechte Fürsorge für den Gläubiger unbedingt den Ausschluss der Abfindungsbefugniss. Der zweite Fall dagegen scheint uns das Gebiet zu umgrenzen, innerhalb dessen die von den Anhängern einer facultas alter-

---

[30]) Die alternative Form der Verpflichtung lässt hier bestimmt auf den Willen des Erblassers schliessen, vor allem andern dem Erben einen Gegenstand su erhalten.

[31]) S. oben S. 10. III.

nativa. angeführten Gründe eine verdiente Geltung bean-
spruchen können. Hier muss der Gläubiger seine Forderung
nicht mit einem Aequivalent erkaufen, und dadurch ist das
grösste Hinderniss beseitigt, welches der Zulassung unserer
Billigkeitsnorm bisher im Wege stand. Bei unentgeltlichen
Zuwendungen herrscht der alternative Wille beim Begrün-
dungsacte der Forderung naturgemäss nicht mit der son-
stigen Energie seiner Verpflichtungstendenz, und es erscheint
geboten, dass das Recht diese Thatsache durch einen singulären Satz berücksichtige. Dadurch wird es möglich,
den Verpflichteten für die nachtheiligen Folgen unverschul-
deten Unterganges einer Sache doch „einigermassen zu entschädigen", [32]) während er sonst nach jus strictum das Wahlrecht und damit beide Objecte verlieren müsste, ohne bei
seinem Versprechen so weit gedacht zu haben. Denn dass
„nur das Dass dem Müssen, das Was aber der Freiheit an-
gehören" soll, [33]) wird hier in der Regel die unausge-
sprochene Absicht der Parteien sein. Die Alternative soll
lediglich dem Schuldner zu Gute kommen. Ja, es lässt
sich sehr natürlich die weitergehende Intention denken, dass
derselbe überhaupt nur unter der Voraussetzung der Existenz
beider Objecte und zu dem Zwecke, eines von ihnen sicher
zu behalten, eine alternative Verpflichtung einging, [34]) ein
Fall, der jenem früher erwähnten conträr gegenübersteht,

---

[32]) Fuchs a. a. O.

[33]) Brinz a. a. O.

[34]) Eine Annahme, die, wie Pescatore, S. 200, 259, bemerkt,
beim alternativen Schenkungsversprechen nahe liegen kann.

wonach der Gläubiger, um der Naturalleistung möglichst gewiss zu sein, eine alternative Fordernng entgeltlich erwirbt. [35])

Das Resultat der obigen Ausführungen wäre also: Die in der l. 47 § 3 D. de leg. I. für Vermächtnisse ausgesprochene Zulässigkeit der oblatio æstimationis ist analog auf alle Fälle auszudehnen, in denen der Gläubiger sein Recht ex causa lucrativa erlangt hat. Ein Ausschluss der facultas alternativa muss hier als durch die Parteien gewollt besonders nachgewiesen werden. [36]) Gleichgiltig bleibt also, ob der Erwerb unter Lebenden oder von Todeswegen geschieht. Die Hauptfälle bilden das alternative Legat und das alternative Schenkungsversprechen. [37]) Gegen die vorliegende Ansicht spricht nicht die Regel, dass singuläres Recht nicht analog ausgedehnt werden dürfe; denn sie will doch nur sagen, „dass es nicht weiter ausgedehnt werden dürfe, als der eigentliche Gedanke der

---

[35]) S. oben S. 11 unten.

[36]) Wie umgekehrt der Ausschluss einer Pflicht zu weiterer Leistung. Note 34.

[37]) Die wichtigsten andern Fälle möchten sein: 1. Die mortis causa donatio als eine zwischen den genannten stehende Mittelform. 2. Die Leistung an Jemanden für den Fall des frühern Todes einer dritten Person (l. 18. pr. l. 31. § 2. D. de mort. causa donat. 39,6). 3. Der Erwerb condicionis implendæ gratia. 4. Diesem entspricht unter Lebenden der unentgeltliche Erwerb des Dritten aus einem Vertrag zu dessen Gunsten 5. Alternative Pollicitatio. — Eine Ausdehnung unseres Satzes auf das negotium mixtum cum donatione scheint nicht geboten, weil hier dem Erwerbenden als wirklichem Schuldner ein Recht auf unbeschränkte Leistung zustehen muss.

4

Bestimmung reicht." [38]) Für dieselbe kann umgekehrt der Umstand geltend gemacht werden, dass bei unentgeltlichem Erwerbe auch sonst die schuldnerische Verpflichtung vielfach billigerweise gemildert wird. [39])

III. Die gegen die oblatio æstimationis angeführten Quellenstellen.

1. L. 32. pr. D. de cond. indeb. 12,6.

Als Beweis gegen die Abfindungsbefugniss wurde diese Stelle schon von Hertius [1]) vorübergehend erwähnt. Pesca-

---

[38]) Windscheid, Pandekten I. § 29 [3].

[39]) Vor allem gehören hieher die zahlreichen diesbezüglichen Bestimmungen bei der Schenkung: Haftung nur für dolus; nicht für den Fall der Entwehrung; nicht für Mängel der Sache; keine Verpflichtung, den Gewinn derselben herauszugeben: beneficium competentiæ u. s. f. Ferner die völlig freie Widerruflichkeit der mortis causa donatio. Bei Vermächtnissen neben den oben im Texte genannten Bestimmungen der Satz, dass die Legatsforderung Früchte und Zinsen der Sache nicht ergreift; der weitere, dass der Beschwerte nur für culpa lata einsteht, wenn ihm nach Entrichtung des Vermächtnisses kein Vortheil übrig bleibt. — Ferner die allgemeine Tilgungsart unentgeltlicher Forderungen durch concursus duarum causarum lucrativarum, und die in dieser Form freilich nicht unbestrittene Bestimmung, dass bei der alienatio in fraudem creditorum der gutgläubige Dritte nur bei lucrativem Erwerbe haftet.

[1]) De electione ex obligatione alternativa. Sect. III. § 4: » — Hæc causa est, quamobrem, si duabus rebus, non nisi alternative debitis, per

tore[2]) hält sie für unbrauchbar, wie wir glauben mit Unrecht. In Verbindung mit einer andern Stelle betrachtet erweist sie sich vielmehr als ein wohl zu verwendendes Argument.

Justinian ordnete nämlich in l. 10. C. de cond. indeb. 4, 5 den bisher bestrittenen Fall, wo der alternativ verpflichtete Schuldner in entschuldbarem Irrthume beide Objecte geleistet hat. Er entschied sich für die von Papinian und Julian vertretene Ansicht, zufolge der dem Verpflichteten bei der Rückforderung die Wahl offen zu lassen sei, so dass ihm also eine condictio indebiti speciell auf die eine wie auf die andere der gemachten Leistungen zusteht. Damit wurde die gegentheilige Meinung von Celsus, Marcellus und Ulpian[3]) verworfen, welche bei der Condiction die Entscheidung über das Was der Rückgabe dem frühern Gläubiger anheimstellt, bei der also bloss eine alternativ bestimmte Klage auf die eine oder andere der gemachten Leistungen zulässig sein kann.

Die von Justinian gesetzlich gebilligte Auffassung scheint uns auch die juristisch correcte zu sein.[4]) Bei Beurtheilung des Rückforderungsanspruches nach Umfang und Inhalt sind

errorem solutis, earum una perierit, quæ superest peti non possit, quippe peremta electione: l. 32 D. de cond. ind. — «.

[2]) S. 208. Anm. 8.

[3]) Welche sich unrichtiger Weise noch in zwei aufgenommenen Stellen vertreten findet: l. 26. § 13. D. de cond. indeb. 12,6 und l. 19. D. de legatis. II.

[4]) Ebenso die herrschende Ansicht, z. B. Windscheid, Pandekten, II. § 426[11]. Bernstein. S. 65. Anders Pescatore, S. 172 fg.

offenbar zwei Gesichtspunkte massgebend: das indebitum, die beiden vollzogenen und vermeintlich geschuldeten Leistungen, anderseits das debitum, die alternativ bestimmte Schuld. Nach jener zurückgewiesenen Ansicht bestände zwischen beiden ein Abhängigkeitsverhältniss: keines der geleisteten Objecte wäre als solches völlig indebite geleistet, so dass der Irrthum für den Schuldner den Verlust des Wahlrechtes zur Folge hätte. Wenn nun auch die Möglichkeit dieses letztern für die Entstehung und die Existenz der alternativen Obligation ganz unwesentlich sein mag, so braucht es ebenso wenig dem Schuldner gefährdet zu werden, so lange das an debeat nicht im geringsten in Frage steht. Die von Justinian anerkannte Meinung hält mit Recht diesen vorgestellten und jenen wirklich vorhandenen Anspruch streng aus einander. Sind sie doch durchaus verschiedener Art, wie dies Marcellus in einem andern Falle selbst zugesteht:

l. 8. § 8. D. de fidejuss. 46,1 (Ulpianus). „— Si „quis Stichum stipulatus fuerit, fidejussorem ita acceperit: „„Stichum aut decem fide tua jubes?" non obligari fide„jussorem Julianus ait .... Marcellus autem notat non „ideo tantum non obligari, quia in duriorem condicionem „acceptus est, sed quia et in aliam potius obliga„tionem acceptus est: denique pro eo, qui decem pro„miserit, non poterit fidejussor ita accipi, ut decem aut „Stichum promittat, quamvis eo casu non fit ejus durior „condicio."

Leistet der alternativ verpflichtete Schuldner als solcher,

so macht er eben stets von der ihm vorbehaltenen Freiheit
Gebrauch, sofern nicht der Zwang äusserer Umstände oder
eigenes Verschulden ihn daran hindert. Ein wahres, durch
kein Strafelement gemindertes Rückforderungsrecht gibt man
ihm desshalb nur, wenn man ihn die thatsächlich bloss alternativ bestimmte Schuld wirklich unbehindert als solche
dadurch abtragen lässt, dass das ihm beliebige Object in
soluto verbleibt.

Für die Beurtheilung unserer facultas alternativa ist
nun die Entscheidung Julians in l. 32 pr. D. de cond.
indeb. 12,6 wichtig, welche eine nothwendige Consequenz
aus seiner soeben dargestellten Auffassung zieht vom Standpunkte ihrer Gegner aus, einen unrichtigen Schluss dagegen
von demjenigen ihrer Anhänger aus betrachtet:

„Cum is qui Pamphilum aut Stichum debet simul
„utrumque solverit, si, posteaquam utrumque solverit,
„aut uterque aut alter ex his desiit in rerum natura esse,
„nihil repetet: id enim remanebit in soluto quod
„superest.“

Einer der beiden irrthümlich geleisteten Sklaven ist
gestorben; die condictio indebiti wird versagt, weil jetzt
der andere allein noch als Zahlungsobject dienen kann. Bei
Annahme der Abfindungsbefugniss würde hier ein Widerspruch mit der principiellen Ansicht Julians offen hervor-
treten. Denn da er sonst bei der Rückforderung das Wahlrecht dem Schuldner erhalten will, so müsste er ihm auch
hier die Möglichkeit gewähren, die wahre Schuld durch
Werthleistung des Verstorbenen zu tilgen und den noch

lebenden Sklaven zu condiciren. Dass die oblatio æstimationis ein Recht aber keine Pflicht ist, ändert nichts. Denn
darauf kommt es an, dass sie die Wahl sichern soll und
als vollgültiger Erfüllungsact der alternativen Obligation
angesehen wird. Dass aber, nachdem die eine Sache bereits
indebite geleistet ist (ein Fall, der hier nach dem Tode des
einen Sklaven vorliegt), die wirkliche Erfüllung des incertum nachträglich noch geschehen kann, zeigt der § 3 eod.:

> „Qui hominem generaliter promisit, similis est ei,
> „qui hominem aut decem debet: et ideo si, cum exi-
> „stimaret se Stichum promisisse, eum dederit, condicet,
> „alium autem quemlibet dando liberari poterit."

2. L. 34. § 6. D. de contr. empt. 18,1.

Paulus libro XXXIII ad edictum: „Si emptio
„ita facta fuerit: „est mihi emptus Stichus aut Pam-
„philus", in potestate est venditoris, quem velit dare,
„sicut in stipulationibus, sed uno mortuo qui superest
„dandus est: et ideo prioris periculum ad venditorem,
„posterioris ad emptorem respicit. sed et si pariter de-
„cesserunt, pretium debebitur: unus enim utique periculo
„emptoris vixit. idem dicendum est etiam, si emptoris
„fuit arbitrium quem vellet habere, si modo hoc solum
„arbitrio ejus commissum sit, ut quem voluisset emptum
„haberet, non et illud, an emptum haberet."

Vom Standpunkte einer möglichen Abfindungsbefugniss

aus muss zunächst, wie Pescatore [1] bemerkt, sehr auffällig
erscheinen, dass in dieser Stelle schon desshalb nicht ihrer
Erwähnung gethan wird, weil die Folgen casueller Unmöglichkeit hier eingehender als anderswo zur Sprache kommen.
Insbesondere fällt uns der folgende Satz auf: „ — uno mortuo
qui superest dandus est: et ideo prioris periculum ad venditorem .... respicit". Wäre dem Paulus die Statthaftigkeit einer facultas alternativa irgendwie vorgeschwebt (und
das hätte doch der Fall sein müssen, wenn man sie für
eine auf den Kauf anwendbare Bestimmung erachtet), so
würde er sich nothwendig zu der Bemerkung veranlasst
gesehen haben, dass diese Tragung des periculum nicht nur
dando eo qui superest, sondern auch solvendo mortui pretium sich äussern könne.

Nicht zutreffend erscheint uns das von Pescatore zur
Widerlegung gewählte Beispiel. Er nimmt an, dem Acht
werthen Stichus und dem mehr werthen Pamphilus stehe
als Kaufpreis die Summe von Fünfzehn gegenüber. Gestattet
man die oblatio aestimationis, so wird nach dem Tode des
Stichus der Vertrag, wenn der Käufer es will, darauf hin-
auslaufen, dass derselbe allein, nach erfolgter Compensation
der gegenseitigen Forderungen, Sieben vom Käufer zu fordern hat. Die hierin liegende Unbilligkeit erklärt sich vollständig aus dem Missverhältnisse zwischen Preis und Waare,
welches nun vermöge der alternativen Ermächtigung offen
zu Tage tritt. Der Verkäufer trägt denn auch nicht, wie
Pescatore meint, die Gefahr bloss zu $1/8$, sondern in ihrem

---

[1] S. 208 fg.

vollen Umfange. ²) Denn die Kaufpreisforderung reducirt
sich um den ganzen Werth des Stichus ausschliesslich zu
seinen Ungunsten, ausschliesslich zu Gunsten des Käufers.
Denn dieser letztere kann nach wie vor mit der actio emti
eine wenigstens dem Werthe nach um nichts geminderte
Erfüllung seiner nun auf den Pamphilus concentrirten Forderung verlangen. Dabei gibt die Statthaftigkeit der facultas
alternativa dem Verkäufer bloss die Möglichkeit, nachdem
allein er durch den Tod des Stichus geschädigt wurde, die
noch bestehende Obligation auf zwei verschiedene Arten zu
erfüllen: durch Verrechnung (als Surrogat der Geldleistung),
oder durch Hingabe des Pamphilus. Der Käufer aber trägt
das periculum höchstens in dem Sinne, dass er gewärtigen
muss, bloss dem Werthe nach statt in natura Befriedigung
zu erlangen, und es entgeht ihm ferner von Anfang an die
sonst vorhandene Chance, möglicherweise das werthvollere
Object verlangen zu dürfen.

Dagegen zeigt gerade dieses Beispiel in klarer Weise,
wie sehr die oblatio aestimationis dem Wesen des Kaufge-
schäftes entgegen steht. Denn sie gestattet dem Verkäufer,
nach eingetretenem Untergange eines Objectes, und in der
Regel offensichtlich in fraudem emptoris, nach einseitiger
Willkür vom Vertrage zurückzutreten. ³)

²) S. auch oben S. 37, Anm. 10.

³) Man beachte, dass die für den Fall, wo das Wahlrecht dem
Schuldner zusteht, getroffene Entscheidung ohne weiteres durch die Worte
»idem dicendum est« auf den gegentheiligen übertragen wird. Vergl.
oben S. 23 vor Note 7.

3. L. 2. § 3. D. de eo quod certo loco. 13,4.

Ulpianus libro XXVII ad edictum: „Scævola „libro quinto decimo quæstionum ait non utique ea, quæ „tacite insunt stipulationibus, semper in rei esse potestate, „sed quid debeat, esse in ejus arbitrio, an debeat, non „esse. et ideo cum quis Stichum aut Pamphilum pro- „mittit, eligere posse quod solvat, quamdiu ambo vivunt: „ceterum ubi alter decessit, exstingui ejus electionem, ne „sit in arbitrio ejus, an debeat, dum non vult vivum „præstare, quem solum debet.“

Noch energischer schliesst die vorliegende Stelle die Annahme aus, dass ihr Verfasser jemals an die Zulässigkeit einer Abfindungsbefugniss hätte denken können. Ja man darf behaupten, dass bereits hier (wie bei der nachher zu behandelnden l. 55. D. ad leg. Aquil) die Entscheidung selbst („— exstingui ejus electionem —“) positiv einer solchen Annahme widersprechen würde.

Scævola stellt zunächst den allgemeinen Grundsatz auf, dass die dem Schuldner vermöge der Natur seiner Schuld zukommende Freiheit und Selbstbestimmung da nicht mehr geltend gemacht werden kann, wo sie das durch die Schuld geforderte Müssen in Frage stellen würde. Die Anwendung dieses Grundsatzes auf die alternative Obligation führt zu dem Schlusse, dass das dem Schuldner an sich zustehende Wahlrecht erlischt, wenn nur noch ein Object vorhanden ist. Denn andernfalls könnte sich dieser, gestützt eben auf seine electio, weigern, den übrig gebliebenen Schuldgegenstand zu leisten, und dies hiesse die Schuld selbst, das „an debeat" verneinen. Anerkennt man die Statthaftigkeit einer alternativen Ermächtigung, so ist die Exemplification jenes allgemeinen Satzes sehr unpassend gewählt; denn der Schuldner verliert dann nicht seine günstige Stellung, sondern er wird in derselben künstlich geschützt, indem man das Wahlrecht, das hier nicht erlöschen soll, aufrecht erhält. Ebenso wenig bedeutet hier die Weigerung, das vorhandene Object zu leisten, eine thatsächliche Nichtanerkennung der Schuld.

4. L. 55. D. ad legem Aquiliam. 9,2.

Paulus libro XXII quæstionum: „Stichum aut „Pamphilum promisi Titio, cum Stichus esset decem milium, „Pamphilus viginti: stipulator Stichum ante moram occidit: „quæsitum est de actione legis Aquiliæ. respondi: cum „viliorem occidisse proponitur, in hunc tractatum nihilum „differt ab extraneo creditor. quanti igitur fiet æstimatio, „utrum decem milium, quanti fuit occisus, an quanti „est, quem necesse habeo dare, id est quanti mea inte-„rest? et quid dicemus, si et Pamphilus decesserit sine „mora? an pretium Stichi minuetur, quoniam liberatus „est promissor? at sufficiet fuisse pluris cum occideretur „vel intra annum. hac quidem ratione, etiamsi post „mortem Pamphili intra annum occidatur, pluris vide-„bitur fuisse."

I. Der Zehn werthe Stichus und der Zwanzig werthe Pamphilus sind alternativ versprochen. Da tödtete der Gläubiger den Stichus und zwar zu einer Zeit, wo sich der Schuldner noch nicht in mora befindet.[1] Wie steht es hier mit der Anwendung der lex Aquilia?

Man könnte vielleicht annehmen, dass der Gläubiger, der doch dem Schuldner gegenüber eine besondere, von beliebigen Dritten geschiedene Stellung einnimmt, auch in Betreff der Art und Höhe der Entschädigung anders gehalten sein sollte. Er würde etwa hier genöthigt sein, die Forderung mit dem Ersatzanspruche des Schuldners zu compensiren. Diesen Gedanken weist Paulus ausdrücklich zurück, geleitet von der Anschauung, dass hier zwei durchaus unabhängige, auseinanderzuhaltende Rechtsverhältnisse vorlägen. Dass dies der Fall ist, wäre zum voraus klar, wenn es sich um den pretiosior handeln würde; aber auch hier, wo der vilior in Frage steht, muss davon ausgegangen werden. Dies der Sinn der Worte: „ — cum viliorem

---

[1] Erfolgt die Tödtung nach eingetretener mora, so hat dies für den Schuldner den Nachtheil, dass er nun sofort die Gefahr des Pamphilus trägt. Denn bis zur vollzogenen Leistung befindet er sich mit jedem der geschuldeten Objecte in Verzug; s. oben S. 26 vor Note 15 und den umgekehrten Fall S. 24 sub 2. — Die Annahme Zimmerns, S. 325 fg., dass das Wahlrecht bei Verzug auf den Gläubiger übergehe, ist allgemein aufgegeben; s. Pescatore 189 fg.; Windscheid, Pandekten II. § 255, Note 11. — Nach Mommsen. Beitr. III. 260, Anm. 7, soll bei Tödtung post moram der Werth des Ueberlebenden nicht mehr berücksichtigt werden.

occidisse proponitur, in hunc tractatum [2]) nihilum differt ab extraneo creditor — ".

Gestützt hierauf wird sodann der auf das gesammte Interesse [3]) gehende Ersatzanspruch genauer festgestellt. Er kann, sagt Paulus nicht bloss Zehn betragen, d. h. den Werth des getödteten Stichus, sondern er erreicht Zwanzig, d. h. den Werth des Pamphilus. Denn der Schuldner hat nicht nur den Stichus verloren, sondern er muss nun auch, da er zur Leistung des Pamphilus jetzt gezwungen ist, eben jenes Verlustes wegen Zehn mehr aus seinem Vermögen opfern. [4])

[2]) »— in hunc tractatum —«. Zimmern, S. 321, Anm. 21, und schon vorher Cujacius, in lib. 22. Pauli ad leg. cit. wollen hierin einen Gegensatz zu der vorhergehenden, einen verwandten Fall behandelnden l. 54 ausgedrückt finden. Aber die Autoren sind verschiedene; die Annahme, dass die Stellen bewusst neben einander gebracht wurden, nöthigt noch nicht zu derjenigen einer Interpolation; man kann vielmehr den Ausdruck als von Paulus herrührend in natürlicher Weise übersetzen mit »in Betreff dieser Frage« (d. h. der erwähnten quæstio de actione legis Aquiliæ).

[3]) Vergl. l. 21, § 2, h. t. — Die Frageform der Entscheidung bleibt für ihre Beweiskraft bedeutungslos; denn sie ist offensichtlich rein rhetorischer Art.

[4]) Der Gläubiger kann die Entschädigung hier auch in der Weise leisten, dass er auf den Pamphilus verzichtet, d. h. den Zwang des »necesse habeo dare« wegfallen lässt und für das commodum medii temporis in Bezug auf den Stichus aufkommt. Umgekehrt kann der Schuldner jenen Verzicht nicht verlangen, da er der vertraglich gebundene ist. Es läge somit eine facultas alternativa in Bezug auf die Schadenersatzforderung stets dann vor, wenn bei der Interesseberechnung das übrig gebliebene Object massgebend ist. Anders Mommsen, a. a. O. S. 316 fg.; und Pescatore, S 233, Note 4.

Eine derartige Entscheidung ist mit der oblatio æstimationis völlig unvereinbar. Denn die Annahme einer solchen würde hier nicht nur zu der Consequenz führen, dass sie dem Paulus ganz unbekannt gewesen sei, sondern auch zu der weitern, dass er eben in Folge dieser Unkenntniss in vorliegendem Falle unrichtig entschieden habe, und endlich zu der fernern, dass diese auffallende Unrichtigkeit den Compilatoren, ihre Kenntniss der Abfindungsbefugniss vorausgesetzt, gänzlich entgangen sein muss. Ein innerer Widerspruch der Quellen wäre das unausweichbare Resultat. Der Beweis ist leicht zu erbringen:

Wenn der Schuldner durch Hingabe der Zehn, welche Stichus werth ist, sich befreien könnte, so würde das Interesse unter Umständen freilich Zehn übersteigen, es würde auch jene gesteigerte Schätzung des Werthes nach der lex Aquilia platzgreifen; niemals aber könnte man dann den Schaden mit Rücksicht auf den Zwanzig werthen Pamphilus festsetzen. [5]) Denn gerade die facultas alternativa entbindet von dem Zwange, denselben zu leisten, und wendet so jeden Nachtheil ab, der sonst hieraus entstehen würde. Bei der Berechnung des ganz nach allgemeinen Grundsätzen („ — nihilum differt ab extraneo creditor — ") festzusetzenden Interesses darf natürlich nur diejenige Art einer möglichen

---

[5]) Zugegeben von Mommsen. s. unten II. Nicht stichhaltig ist der Einwand von Zimmern, S. 323, und Vangerow, Pandekten III. § 569, S. 23, dass hier Paulus nur die aquilische Berechnung erläutern wolle; dies wäre ein völlig unpraktisches und zweckloses Vorgehen, um so mehr, als es sich um ein eingeholtes Rechtsgutachten handelt (» — respondi — «).

Solution zu Grunde gelegt werden, welche für den Debitor
als einen ökonomisch handelnden Mann die offenbar zunächstliegende sein muss. Denn dadurch allein wird der wirkliche Schaden bestimmt. [6]) — Von ganz verschiedener Voraussetzung ausgehend glaubt anderseits Paulus, dass nach
dem Tode des Stichus der Pamphilus nun nothwendig geleistet werden müsse („— quem necesse habeo dare —"),
und diese Zwangslage bestimmt ihn, den Werth desselben,
der nun aus dem Vermögen des Schuldners, zunächst in
der Form einer auf den Pamphilus concentrirten Verpflichtung, ausgeschieden ist, bei der Berechnung des Interesses
vor allen andern Umständen zu berücksichtigen. (— „ fiet
æstimatio . . . . quanti est quem necesse habeo dare, id
est quanti mea interest —").

In consequenter Durchführung dieses Gedankens entscheidet der Jurist ferner, dass auch der nachherige un-
verschuldete Tod des Pamphilus die Höhe der einmal be-
gründeten Interesseforderung nicht zu mindern vermöge.
Natürlich; denn die Tödtung des Stichus hat die Obligation

---

[6]) l. 11, § 12, D. de act. empt. vend. 19,1: »— (Neratius) ait
emptorem noxali judicio condemnatum ex empto actione id tantum con-
sequi, quanti minimo defungi potuit — «. Hiegegen verstossen die An-
nahmen von Cujacius, quæst. Pap. ad leg. 54, dass der Schuldner
vielleicht von der facultas alternativa keinen Gebrauch machen wolle,
oder dass ihm der Richter kein Gehör schenke (d. h. seinerseits einen
Schaden zufüge). — Dieser Autor verkennt auch nicht die Schwierigkeiten, die unsre Stelle seiner Ansicht bietet: Hujus legis verba prima
specie satis aperta videntur, cæterum subobcura sunt.« (in libro 22,
Pauli, ad leg 55. cit.)

auf den Pamphilus reducirt, und dieser steht nun ausschliesslich auf Gefahr des Gläubigers,[7] Verzug vorbehalten (— „ sine mora[8] —") An der Schädigung, die
der Schuldner durch den Gläubiger dadurch erlitten hat,
dass ihn dieser in Folge seiner That zugleich auf die höhere
Leistung unbeschränkt verhaftete, vermag die später casu
eintretende Schädigung des Gläubigers selbst nichts zu än-
dern.[9] — Am Schlusse der Stelle wird jene der lex Aquilia
eigenthümliche, jetzt veraltete Strafbestimmung berücksichtigt,
wonach bei Berechnung des Sachwerthes ein früherer vor-
theilhafter Zeitpunkt („ — intra annum —") vor Eintritt
des Schadens zu Grunde gelegt werden kann. Dies gestattet es, die obige Ersatzforderung wegen der einstigen
Coexistenz und alternativen Gebundenheit beider Objecte
unbeschränkt auch dann noch aufrecht zu erhalten, wenn
Stichus erst nach dem zufälligen Untergange des Pamphilus
getödtet wurde. Sofern Stichus aber noch immer Schuld-
object ist, geht er dem Gläubiger zu Grunde, und es muss
desshalb theilweise Compensation der Interesse- und der
Schuldverbindlichkeit eintreten.[10]

---

[7] S. oben S. 37, Anm. 10.

[8] S. oben Anm. 1.

[9] Anders Pescatore, S. 233[5] und 234, Anm. 6, der diese Entscheidung aus der besondern Strafbestimmung des aquilischen Gesetzes
erklärt. Seine Ansicht setzt unsern Fall, wo culpa vorliegt, dem andern
gleich, wo die ganze Obligation durch casus getilgt wird, was gewiss
unbillig ist. In beiden Fällen würde der Schuldner mit 20 am Schaden
von 30 participiren.

[10] Andere von der Voraussetzung einer facultas alternativa aus-
gehende Erörterung bei Zimmern, S. 331 fg.

Die l. 55. D. ad leg. Aquil. führt zu dem Ergebniss, das schuldhafte (dolose oder culpose) Vernichtung eines Leistungsobjectes durch den Gläubiger den Schuldner zur Leistung des andern nöthigt. Der Gläubiger vermag die Leistung der ihm gefälligen Sache durch Beseitigung der andern zu erzwingen, [11]) freilich, und dies beschränkt thatsächlich jene rechtliche Freiheit wieder völlig, nur gegen ausreichenden Schadensersatz. Wenn nun in diesem Falle, wo sie sich gewiss zunächst durch brauchbare Gründe rechtfertigen liesse, [12]) die oblatio æstimationis nicht gewährt wird, so muss dies noch viel weniger dann möglich sein, • wenn der Untergang casuell oder culpa debitoris erfolgt.

II. Einen interessanten Versuch, die Stelle mit der auf l. 95. § 1. D. de solutionibus. 46,3 gestützten herrschenden Meinung in Einklang zu bringen, gibt Mommsen. [13]) Er verzichtet zum Voraus auf die Annahme, dass hier Paulus an die Möglichkeit einer Abfindungsbefugniss gedacht haben könne. Denn die Entscheidung werde allein daraus abgeleitet, dass die actio legis Aquiliæ nicht bloss auf den Sachwerth, sondern auf das Interesse gerichtet sei. Trotz-

---

[11]) Pescatore, S. 216. — Diese Consequenz wird vielfach für die Nothwendigkeit einer oblatio æstimationis geltend gemacht, s. Zimmern, S. 323, Anm. 23. Sie ergibt sich aber aus der Natur der alternativen Obligation. Da jedes Object das geschuldete ist, muss der Debitor gewärtigen, es leisten zu müssen. Die Macht, zu zwingen, hat der Gläubiger mit der Entstehung seines Rechtes erworben; es können, wie uns scheint, hiegegen nur Gründe der Billigkeit de lege ferenda vorgebracht werden.

[12]) S. die vorige Anm. u. oben S. 7, Note u. Anm. 7.

[13]) a. a. O. S. 313.

dem widerspreche sie derjenigen der l. 95. § 1 cit. als solche nicht. Die aquilische Klage gestatte ja für die Berechnung der Grösse des Schadens ein Zurückgehen auf einen frühern Zeitpunkt, d. h. hier auf einen solchen, zu welchem beide Objecte noch existirten; zu dieser Zeit hätte allerdings die vernichtete Sache einen höhern Werth für den Schuldner gehabt, indem er durch ihre Hingabe und zwar nur dadurch sich von der alternativ übernommenen Verpflichtung zur Leistung der werthvollern Sache befreien konnte. Also nicht die Entscheidung selbst in der l. 55. cit., sondern nur ihre Motivirung („— quem necesse habeo dare —") sei unvereinbar mit der gewöhnlichen Ansicht.

Hierauf lässt sich entgegnen: Es genügt, dass nur das Letztere der Fall ist, abgesehen davon, dass sich Entscheidung und Motivirung hier äusserlich nur schwer trennen lassen. Diese letztere eben enthält den von Paulus anerkannten Rechtssatz, dass trotz der durch den Gläubiger verschuldeten Vernichtung eines Objectes die Concentration auf das andere eintritt, d. h., dass eine facultas alternativa hier nicht existirt. Auf diese Erwägung einer rechtlichen Nothwendigkeit basirt sich allein die folgende Entscheidung, so dass es völlig gleichgültig bleibt, ob vielleicht ein Dritter unter einer andern Voraussetzung, hier speciell einer solchen, die erst am Schlusse der Stelle zur Berücksichtigung gelangt, zu dem gleichen Resultate zu kommen vermag. In analoger Weise stützt sich denn auch die herrschende Ansicht in der l. 95. § 1. cit. nicht auf die Entscheidung selbst, welche ja für sich betrachtet gegen sie spricht („— neque defuncti offerri æstimatio potest, —"), sondern nur auf ihre Motivirung („— quoniam id pro petitore in pœnam promissoris constitutum est, —"), welche den Rechtssatz der oblatio æstimationis mittelbar bezeugen soll. Es kann sich also nur darum handeln, den einen dieser sich widersprechenden, gleichermassen Anerkennung verlangenden Sätze durch eine richtige Interpretation auszumerzen.

Die Vermuthung Mommsens, dass die l. 95. § 1. cit. der l. 55. cit. gegenüber die von Justinian recipirte Ansicht enthalten möchte, widerlegt sich schon durch die Thatsache, dass sein Grund, das erstere Gesetz spreche ex officio von der nachfolgenden Unmöglichkeit, bei vielen andern Stellen eben so gut zutrifft, ohne dass hier einer alternativen Ermächtigung auffallender Weise Erwähnung gethan wird. [14]) In Folge dessen erscheint eine eigentliche Reception irgend einer Auffassung geradezu als unwahrscheinlich. [15])

Für nicht gelungen halten wir den Versuch Pescatores, [16]) die Ausführungen Mommsens zu widerlegen. Er bestreitet dessen Behauptung, dass Stichus zur Zeit der Coexistenz beider Sklaven für den Schuldner einen höhern Werth besitzt, [17]) in folgender Weise:

---

[14]) So vor allem bei der ausführlichen l. 34. § 6. de contrah. empt. 18,1; ferner bei einigen andern der auf S. 16 fg. genannten Stellen.

[15]) Man müsste vielmehr von diesem Standpunkte aus sagen, dass aus Versehen der Compilatoren beide Aufnahme gefunden hätten.

[16]) S. 213 fg.

[17]) Sie findet sich bereits in dem von Pescatore, S. 215, citirten Schol. 1 ad. Bas. LX. 3,55. »— vivente autem Pamphilo viginti num-

„Wenn Jemand ein und dasselbe Resultat durch An-
„wendung eines kostspieligen und eines weniger kost-
„spieligen Mittels erreichen kann, so kann er daraus nur
„in sofern den Schluss ziehen, dass das minder kostspielige
„Mittel für ihn den Werth des kostspieligeren habe, als
„seinen Concurrenten das wohlfeilere Mittel nicht zu Ge-
„bote steht."

Diese besondere Voraussetzung liege aber hier nicht
vor. Das Gegentheil scheint uns der Fall zu sein: Stichus
ist in der That ein „Mittel" zur Tilgung der Obligation,
das den „Concurrenten" des Schuldners „nicht zu Gebote
steht". Denn er ist Gegenstand derselben als Individuum,
nicht als Gattungssache. Stirbt er, so kann der Debitor
nicht etwa den Zehn werthen Sklaven X an seine Stelle
setzen, und desshalb ist er ihm mehr werth als dieser.
Seine Brauchbarkeit für ihn, im Gegensatze sowohl zu seinem Verkehrswerthe als auch zu einem blossen Affections-
interesse, ist eine gesteigerte, speciell eine für seinen So-
lutionszweck gesteigerte. Einem Dritten wird er nunmehr
den Stichus nicht unter Zwanzig versprechen. Leistet er
ferner dem Gläubiger statt des Stichus den Pamphilus, so
„verschwendet" er allerdings, wie Pescatore meint, und
zwar, weil er aus jener besondern Brauchbarkeit des einen
Objectes keinen Vortheil ziehend das werthvollere der geschuldeten zur Erfüllung gebraucht. Er konnte auch schon
bei Eingehung einer solchen Obligation „unökonomisch ge-

---

morum Stichus existimabatur esse, — ‹ s. auch V a n g e r o w, Pandekten III, § 569, S. 25.

handelt, verschwendet" haben. Auf jeden Fall hat der gesteigerte Werth des Stichus in der besondern Natur des
vorliegenden Rechtsverhältnisses seinen Grund; er bildet
für Paulus das Motiv zu seiner Entscheidung; er muss
für die Interesseforderung irrelevant werden, sobald man
durch Einführung der facultas alternativa dieses Rechtsver-
hältniss wesentlich modificirt. [18])

III. Im Anschluss an dieses für unsere Frage bedeut-
samste Quellenzeugniss stellen wir die s ä m m t l i c h e n
G r ü n d e zusammen, welche, zufolge der bisher behandelten
Stellen, gegen die Statthaftigkeit der oblatio æstimationis
bei onerosen Geschäften sprechen.

Eine facultas alternativa wird in einigen Stellen überhaupt nicht erwähnt, die doch ausdrücklich den casuellen
Untergang des einen Leistungsobjectes behandeln. [19]) Bei
der ihren Vertheidigern einzig zu Gebote stehenden l. 95.
§ 1. D. de solutionibus. 46,s geschieht diese angebliche Erwähnung nicht da, wo man sie erwarten sollte, sondern erst
später und indirekt bei einem Falle, für dessen Entscheidung sie unwesentlich ist. [20])

Die Annahme derselben würde den Julian auf Grund
seiner Entscheidung in l. 32 pr. D. de cond. indeb. 12,s
einer inconsequenten Abweichung von einem durch ihn selbst
aufgestellten Grundsatze zeihen, welch letzterer zudem von
Justinian durch gesetzlichen Erlass recipirt wurde. [21])

18) S. oben S. 62 vor Note 6 und Anm. 6.
19) S. oben S. 16 fg.
20) S. oben S. 22.
21) S. oben S. 50 fg.

Diese Annahme nöthigt zu dem Schlusse, dass Paulus, Ulpian und der von diesem citirte Scævola in drei Fällen den fraglichen Billigkeitssatz wegen Unkenntniss desselben völlig unberücksichtigt liessen, und dass in zwei derselben (sicher wenigstens in dem der l. 55 ad legem Aquiliam 9,2) die Entscheidung selbst mit ihm in Widerspruch steht. [22])

Diese Annahme würde endlich die Compilatoren eines grössern Versehens beschuldigen, als eventuell die umgekehrte, dass sie die l. 95 cit. unrichtiger Weise aufgenommen hätten, d. h. sofern sie die fragliche facultas alternativa wirklich enthält. Dass letzteres aber nicht der Fall ist, lässt sich mit hinreichender Sicherheit nachweisen. [23])

[22]) S. oben S. 54—68.
[23]) S. oben S. 24 fg.

Schluss.

Es erübrigt noch, das gesammte Resultat der vorliegenden Abhandlung einheitlich zusammen zu fassen:

Eine principielle Anerkennung des Satzes:

„Der Schuldner kann nach unverschuldetem Unter„gange eines der alternativ in obligatione befindlichen „Leistungsobjecte durch Hingabe seines Werthes sich von „der Verpflichtung, das andere zu leisten, befreien."
findet sich im römischen Rechte nicht. Dieser Satz steht vielmehr in Widerspruch mit seiner Auffassung der alternativen Obligation. [1]

Die Frage, ob Gründe der Billigkeit denselben als eine mildernde Sonderbestimmung rechtfertigen, ist verschieden zu beantworten, je nachdem man sie bei den onerosen oder bei den lucrativen Rechtsgeschäften aufwirft:

Bei den erstern erfordert die Sicherheit und Treue des Verkehrs energisch die Zurückweisung einer derartigen Abfindungsbefugniss. Sie läuft in ihrer praktischen Bedeutung dem concreten Geschäftszwecke in der Regel direct

---

[1] S. oben S. 4 fg., 8 fg.

zuwider. [2]) Das positive Recht hat sie denn auch hier wirklich verworfen. [3])

Bei den letztern ist der entgegengesetzte Standpunkt gerechtfertigt. Geschieht der Erwerb unter Lebenden oder von Todeswegen, stets muss hier die Annahme nahe liegen, dass die alternative Form der Verpflichtung zunächst und vielleicht ausschliesslich dem Schuldner zu Gute kommen soll. Das positive Recht bietet einen Anhaltspunkt speciell für die Legate, die ratio legis aber berechtigt ohne Zweifel zu einer extensiven Auslegung auf alle unentgeltlichen Rechtsgeschäfte. [4])

---

[2]) S. oben S. 10 fg.
[3]) S. oben S. 68 sub 3.
[4]) S. oben S. 30—50.